HEART

心 | 視野

HEART
心視野

與媽祖有約

宴平樂——著

每位遶境者背後，都有個約定的故事；
每年的徒步之旅，都是一堂心靈成長課

Contents

第二章 那些屬於他們的故事 063

第三章

這些路，給我的啟發 119

前言 為什麼要來去走大甲媽

大甲媽遶境號稱台灣地表最大人類遷移活動，因名列世界三大宗教盛事而揚名國際。我是台中清水人，就地理位置上來說，清水距離大甲只隔了一條大甲溪，所以每年媽祖出巡與回程期間，我的家鄉總有一段時間會在鑼鼓喧囂聲中渡過。

即便每年都舉辦，我卻從未仔細去探究，對遶境的印象，只不過是從小看到大的熱鬧慶典而已。二十幾年來，我從沒想過自己有一天也會成為這段百年香路中的一份子。

不論朋友、同事，還是我的小說讀者，舉凡認識我的人總是會好奇的問：「你這麼年輕，怎麼會想要去走大甲媽遶境？」

說來慚愧，我之所以踏上遶境之旅，起初只是覺得自己身為小說作家，又是土生土長的海線人，對名聞遐邇的大甲媽遶境一點都不了解，活動參與經驗值一片空白，對於應該要體驗人生百態的創作者身分來說，似乎不怎麼及格。

此外，我這人從小就是驕傲自負，不畏苦不怕難，無論前途是不是刀山火海，難如天塹。只要我想爬，我認為沒有爬不上去的山；只要我想游，我認為沒有渡不過的河。套一句台灣俗語：「哪甘願做牛，就不怕無犁通拖。」我不只甘願做牛，而且還是一隻初生之犢，一犁在肩，自認為可以走遍天下。

我承認自己真的很叛逆反骨，尤其當兵時我是出了名的鐵脖子，身為多波道排的士官台長，最討厭人家瞧不起我。下屏東打三軍演習，通訊官說通不到訊號的地方，我就說通得到，最後確實被我開通了訊號，狠狠打腫了通訊官的臉。當時，我得意洋洋地翹著二郎腿躺在多波道車裡，看他在長官面前抬不起頭來，被旅長叫去外面罰站。

在我接近退伍時，那一年電影《練習曲》剛上映，單車環島被視為成年三大洗禮中最困難的關卡，我身旁有好多人都說這是一項不可能的任務。

「不可能的任務」這六個字讓我聽到可不得了，越是不可能我就越愛去，秉著一貫不服輸的精神與立即行動力，領到退伍令的隔天馬上買了一輛單車，花十二天進行這項讓許多人望而卻步的挑戰。最後在不被看好之下，夾在兩個強颱中間翻過北宜、強渡蘇花、越過了南迴，光榮凱旋台中。

這就是我，一隻不畏猛虎的初生之犢，身體裡裝著一個桀傲不遜的靈魂。

既然大家都說走大甲媽祖很難很累，那我更要知難而上、越挫越勇，所以什麼功課都沒做，秉持著單車環島的精神，一個背包上肩，靠著兩條腿就出發了。

然而，如此無謀的憨牛精神哪敵得過天地遼闊。媽祖婆讓我知道天有多高、地有多寬，在這段路上，我總算實實在在地用身體去體會了一回，不是所有事情都可以光靠一股蠻勁就達成。

後來我連續幾年踏上旅途，每一次都認真地完成九天八夜全程徒步。隨著年紀漸長，完成的次數也越來越多，我卻一反常態的不敢再說「人定

媽祖婆起駕前的鎮瀾宮，總是萬頭鑽動。

勝天」這四個字。那個桀傲不遜的靈魂，不知道何時變得低調，如果按照以前的性子，這還不大大炫耀一番。

很多人問我，明明已經把這段九天八夜、距離三百多公里的旅途給走回來了，為什麼仍然不敢說自己征服了大甲媽祖遶境，反而是年年去走、年年參加？

我只能說，打從第一年憑著一股不服輸的精神上路，七年下來，我完成了六次。但我從來不覺得有哪一次真正地把這段路走完。

在這段路上，我學到了挫折、學到了謙卑、學到了勇敢、學到了力量、學到了堅持、學到了慈悲、學到了感動、學到了熱情……。

年齡漸長，認識的人、事、物變多，便逐漸了解到，這九天八夜之旅就彷彿濃縮版的人生旅途，在這條路上能學到的東西寬廣無盡，只要我還有所體會、有所學習，這一段路就沒有終點。

我希望透過這一本書，告訴大家我從媽祖遶境中學到了什麼。各位要是能從本書中感受到這個活動的溫暖與美好，願意一同來共襄盛舉，那便是我無上的光榮。

歲月靜好、我似磐石，風乾的瘡疤，鑽鑿著意志，滿身的青苔，是不悔的堅持。

第一章

那些屬於我的故事

媽祖出巡囉

回憶起小時候，每年大甲媽祖出巡時，清水、沙鹿都會迎來人聲鼎沸、萬人空巷的熱鬧盛況，對我們海線地區的居民來說，大甲媽祖的起駕與回鑾，甚至是比過年還要盛大隆重的事情。

這時，廟口旁總是會排滿各式各樣的攤販，打彈珠、撈魚、射氣球應有盡有。當轟隆隆的炮仔聲此起彼落地傳來，遠遠就能看見被人群簇擁包圍的媽祖鑾駕，日月傘下的信眾紛紛跪倒，讓鑾轎從匍匐的眾人身上經過。

樂爸、樂媽牽著當年還不怎麼懂事的我，跟我說這叫做「稜轎腳」。據說這項儀式最初的起源，是因為看到媽祖婆的鑾轎南巡過來，百姓們紛紛都會把家中最好的糧食、飲料拿出來犒勞一路辛苦的轎班。

由於早年台灣農耕社會並不富裕，很多人家中沒有太多的物資，鄰里之間路也沒有現在修整的好走，為表自己的虔誠，信眾們會匍匐在地上以肉身為路，讓媽祖鑾轎從自己身上踏過。演變到後來，反倒成了一種特殊的祈福儀式，民眾希望藉由讓媽祖婆的鑾轎從身上經過，祈求一家健康平安、心想事成。

所以每當媽祖婆行經海線沙鹿、清水、大甲等地區，大街小巷總是擠得水洩不通，通宵達旦的民俗表演儀式更是高潮一波接一波。

尤其是媽祖婆抵達鎮瀾宮，廟方人員把神像請下轎的瞬間，什麼霞光萬丈、神恩普照就不說了，每年都是盛況空前、萬頭鑽動，所有的人拚盡全力就為了摸一下媽祖婆的神像，好像摸到了就可以保佑這一整年都好運連連。

小時候我常跟在大人的屁股後面湊熱鬧，看大家都伸長了手想摸鑾轎一下，雖然不懂這麼做是什麼意思，但是人群中，總是少不了我的一雙手。

不過我卻因為小孩子體形瘦小而被人擠到一旁，看著如此狂熱景象心裡覺得惱怒不是滋味，只好對台灣人如此迷信的景況嗤之以鼻。最後總是會換來大人一陣責罵，並且說：「囝仔人有耳無嘴，等大漢你就知道。」

那些年，我們一起放的「媽祖假」

等到我年紀稍長，求學階段對於大甲媽遶境，印象最深刻的大概就是放假了。那時和同學一起搭校車上課，我們這群不知天高地厚的小夥子，總愛戲稱這叫做「媽祖假」。

長大到外地念書、工作後才逐漸意識到，原來媽祖假是當地特有的情況。由於大甲媽祖出巡遶境已超過百年歷史，路線從原先的北港朝天宮遷移至新港奉天宮。所以在起駕、回鑾這兩天，行經路線以及周邊都會因為湧入大量信眾而擠得水洩不通，於是位在大甲的三所學校大甲高工、大甲高中、致用高工，就會因為校車無法通行而聯合放假一日。

高中生哪管什麼遶境規模有多盛大，只要能放假當然再好不過。又因為從小到大每年都是這樣過，自然也就習慣了媽祖假的存在。

打從我某次去參觀大甲高工的校慶後，便在心中悄悄地決定了第一志願。但老實說，國中時期我念的是後段班，那樣的成績想要進甲工，別說沒有門了，大概連窗都沒有。

別看現在的我寫小說、寫劇本，在輕狂不羈的年少時期，我的確是個不愛念書的孩子，頂多翻翻小說跟漫畫作為興趣消遣。除了國語、歷史之外，舉凡英文、數學、理化等教科書，差不多就是被我拿來當成枕頭，能墊多高墊多高的狀態。當時，我認為教科書不能算是「書本」，這項物品根本就是造成學生壓力的萬惡根源。

愛玩的我翹課、飆車樣樣來，雖然不到父母師長眼中的頭痛問題人物，但想必讓他們操了不少心。理所當然地等到國中要畢業時，我只好想著美麗諾大的甲工校園搖頭嘆氣，甚至一直到推甄入學考前幾天都還在後悔著，要是平時再努力一點念書，說不定有機會能夠擠進這道窄門。

甲工位於鐵砧山的山麓，記得某一天下午，樂媽帶我參觀完校園下山時，順路到大甲鎮瀾宮轉了一圈。我們母子倆各點了三炷清香（目前鎮瀾宮響應環保，已改為一爐一柱香），在香案前誠心跪拜，不知輕重的我也就跟媽祖許了一個願。

「若是能讓我進大甲高工念書，弟子願吃素一個月。」

結果推甄考試我毫無意外地落榜，正當我揶揄著自己不努力也想進好學校，還是死了這條心吧。沒想到隨在學成績分發的學校公布，我居然剛好落在——大甲高工電機科。

看著榜單，我發了好久的呆，那奇妙的感覺讓我久久不能言語。樂媽說：「男孩子，說出去了就是話。」敢說就要做到，既然願已經發了，就要乖乖執行。

對一個吃了整整十六年葷食的人來說，吃一個月的素說起來容易做起來難。更別說我這個人天生個性羞澀耿直、腦袋不懂得轉彎，剛入學時又正逢青春叛逆期，十分彆扭不善溝通，實在不知道該怎麼開口跟人說吃素這件事。

最後我帶了整整一個月的白饅頭到學校，每天中午看著別人開心啃雞腿，自己只能啃饅頭，啃到好幾位同學都以為我特別愛吃饅頭。國、高中時期男孩子正值發育階段，運動量大、食量自然也特別發達，每當下午看著同學到福利社大口享用麵包、泡麵，我只能小心翼翼地挑選沒有加奶、蛋的零食果腹。

印象最深的是有一次，不知道是哪路大神的神恩眷顧，有一位我傾慕已久的學姐，私底下拿了一塊方塊酥給我吃。

要知道，大甲高工是工科職業學校，在那個年代男女比例大概是八比二，女生是寥若晨星般稀少。有學姐願意拿零食給我吃，那是多大的恩賜，簡直跟被媽祖婆當眾摸頭沒什麼兩樣，那一天多少男生投以羨慕的眼光，有好幾個眼神甚至恨不得把我給當場殲滅。

然而我笑咪咪地咬了一口方塊酥之後，看了一眼後面的成分表——上面大大的寫了一個「蛋」字。我嚇的當場把口中的東西吐出來，然後將剩下的方塊酥推回去給學姐。

可想而知，學姐的表情有多難看。事後不管我怎麼道歉解釋，都止不住學姐對我的厭惡。沒幾個禮拜，學姐就被學長把走，還在眾目睽睽之下手牽手一起放學回家，留下我在後面掃著碎滿了一地的玻璃心。

長大後回想起這一段，時常莞爾一笑，或許這就是我跟大甲媽結下的第一個緣吧。

遶境也不過是走路，有什麼難的

說起第一次跟著大甲媽祖徒步遶境進香，那已經是七年前的事情了。那一年，我二十七歲。

由於成長過程中不時會聽說走大甲媽遶境有多麼辛苦，我都嗤之以鼻的回答：「不就是走路嘛，兩條腿撐著一個身體，慢慢地往前走就好了，到底有什麼難的？」又不是跑百米、登百嶽，打從嬰兒時期站起來以後，有誰不會走路，只要肯走就一定會到。

就像電影《一代宗師》的對白：「憑一口氣，點一盞燈，有燈就有人。」我從來都認為，自己這一口氣肯定是肺活量充足，這一盞燈絕對是白熾燈，既然沒有體驗過就來體驗一下。

驕傲如我，扛了一個大背包，認為是條漢子就應該要揹著這樣的行囊走完全程，所以打了通電話跟朋友康約好，然後就出發了。

印象很深，二〇一二年三月二十三日的晚上八點，我跟康約在大甲火車站碰面。那一天大甲的人超級多，我們兩個努力穿過重重人群，為了跟著去遶境，我們兩個各買了一枝進香旗。

其實當下我在心裡覺得好笑，因為康只走到彰化而已，跟人家買什麼進香旗湊熱鬧？不過既來之則安之，他要買我就陪他買，媽祖婆的大轎前總不好意思叫他不用買。就這樣一路拖拖拉拉，等到我跟他的旗子都弄好後才正式出發。

出發之後，雖然我們沒有明說，但是彼此有個共識，這一段路彷彿競技比賽，既然上路了就要卯足全力，就像在社會走跳一樣，要努力往前走，力爭上游的多贏過一些人。

再加上我聽說媽祖大轎每一年出大甲城時都會被信眾包圍，所以過了大甲溪橋之後，為了把進度追回來，轎班前行的速度會變得非常快。隨香客都會盡量走在大轎前面，一來是為了避免和大轎前後的人潮強碰在一起，二來要是被大轎追過，不只一路上信徒的奉獻資源都會收起來，連路上指示遶境的路牌，鎮瀾宮廟方工作人員也都會陸續回收。

從前信徒在遶境沿途拿資源出來奉獻，主要是為了媽祖婆的轎班，並非為了隨香客。要是落後大轎進度太多，屆時不是只有「吃自己」這個問題，而是大路茫茫根本不知方向，隨香客可能就此迷路。

基於上述原因，我跟康兩個一上路便完全不保留實力的趕路，從大甲到清水這一路上不知道超越多少隨香客。兩個年輕氣盛的少年仔，在談笑風生中輕鬆抵達了清水，走在從小到大熟悉的街道上，我們輕鬆地保持一貫的快步調。

抵達沙鹿的時候，約莫是當晚十點左右，看看媽祖婆的表定時間，應該是凌晨四點才會抵達這裡，算起來我們兩個已經領先大轎六個小時，可以在這裡睡一下補充精神。環顧沙鹿玉皇殿廟埕周邊，已經有很多人在這裡倒頭就睡，發點心、飲料的工作人員也辛勤地在廟內外忙進忙出。

我跟康並不打算在此處休息，出於一顆好強的心，我們只吃了一顆素粽就繼續往前走。一路上推進的速度不僅沒有降低，反而還加快了，年輕的雙腳彷彿被熱鬧的引擎，高昂的情緒在全身不斷沸騰著，不趁這時往前趕路，是要等什麼時候呢？沒想到一路風塵僕僕的走到龍井之後，卻遇上了出人意料的阻礙。

由於龍井的路比較偏僻，再加上大轎預計要凌晨才會抵達這裡，所以兩旁的住家都是在九天後回鑾的下午時段才出來迎接。我們一路上沒休息的走到這裡，萬萬沒想到只剩下西北風可以喝。春寒陡峭，深夜氣溫開始急速下降，那寒冷的程度，讓我全身上下的每一吋肌肉都在顫抖。

這時，背上那個特別沉重的背包就像是在嘲笑我一般，不斷折磨著我的意志力。畢竟沒經驗、沒做功課、又沒人帶領之下，天真的我還以為遶境要帶多少東西，所以找了一個大背包，把我想得到的用具全塞了進去。

我在內心不斷鼓勵自己，打起精神走到大肚萬興宮之後，映入眼簾的卻是宮廟裡各座神明的神案下，早已橫豎睡滿了隨香客。看到這一幕令人有點氣餒，原本我跟康都以為我們已經趕到人群的前面，沒想到這裡竟然有這麼多人，然而年輕人就是禁不起激，原本疲憊的心頓時又燃起了不服輸的熊熊火焰。

這時樂爸剛好騎著機車前來探班，我當下就把大背包換成他的小背包，簡單休息半個小時，跟康互相打氣，說好要在隔天早上十點左右趕到彰化，然後我殺進南瑤宮，康可以回家，各自睡個高興。

達成共識之後，我們再一次浩浩蕩蕩的出發。

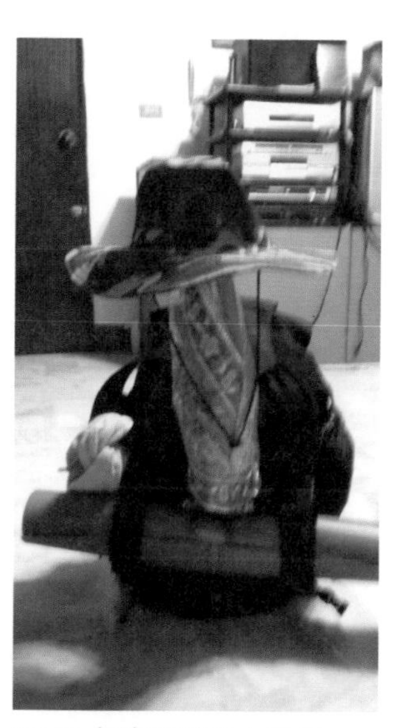

2012 年出發前的大背包。

路遙知馬力，下半場見真章

比賽路上，要在什麼時候贏過你的敵人？就是當敵人睡覺鬆懈的時候，你只要繼續勤勞地往前走就可以贏過他。這是我從《龜兔賽跑》領悟到的人生道理。

然而我錯了，大錯特錯！

我和康一離開大肚，那無比刺骨的寒風直接鑽進了外套，凌晨的寒冷完全不是言語所能形容。再加上急行軍似的走了一夜，一身汗水與滾燙的皮膚接觸到冷空氣的瞬間，我不禁連續打了好幾個寒顫。

不過想想當兵時什麼苦難沒有經歷過？尤其是在高雄阿公店水庫周圍的大、小岡山上餐風露宿，或是為了長官一個命令，毫不猶豫撲進泥巴裡面打滾，那些日子都挺過來了，這一點點寒風又算得了什麼？相信只要繼續讓身體熱起來，寒冷是不可能打倒我們的。

就在這時，路邊一位大叔捧著兩個熱騰騰的烤地瓜跑到我們面前：「來，少年仔，吃個烤地瓜吧。」

我二話不說的接過烤地瓜吃了起來，也許此情此景這溫暖的舉動正好戳中我內心柔軟的那一塊，害得我差點沒掉下眼淚來。我永遠都記得這顆烤地瓜的滋味，那種感覺很難用言語表達出來。或許你可以想成，在寒冷的夜晚裡，兩艘在驚濤駭浪中漂流的小舟，好不容易找到了一個溫暖的依靠。

其實大甲到大肚，騎機車不過是一個小時左右的車程，但我跟康已經走了五個多小時，即便才剛休息完，疲勞卻完全沒有恢復的感覺，甚至兩條腿緊繃到彷彿不是自己的一樣，伸不直、也抬不高。雖然名義上是我的雙腿，實際上卻像是在拖行兩根鐵條。

這時身體的顫抖已變成了抽蓄，每一條肌肉都不停的抖動，能夠頂住自己的就只剩源自於身體裡的一口熱氣。看著一片漆黑的路途，這條我一直都以為不遠的路，這時怎麼會覺得如此遙遠？

走著走著，遠方天空微微亮起，眼前除了緩緩升起的太陽之外，還有尚未湧現車潮的王田交流道。我跟康一起在建國科技大學念了兩年的書，所以我們都知道，看到王田交流道就是快要到彰化了。

再度振奮精神，穿過交流道底下的人行道之後，我跟康看了一下時間，這時大約是清晨五點五十分左右。一整晚沒睡加上累、腳痛，我們兩個真的撐不下去了，決定在前面的

鎮明宮休息一下，小睡個三十分鐘再上路。

我一靠在鎮明宮的樓梯口便昏迷過去，真的不誇張，整整三十分鐘我完全不知道自己現在身在何方。更讓人無力的是，身旁來來往往的香客完全沒有因為我們連夜趕路而減少，廟埕中的人潮總是絡繹不絕，明明我們已經超過那麼多人，卻感受不到絲毫勝利感。

三十分鐘後我醒過來，身體發出的警訊更大了，小腿簡直像是繃緊的橡皮筋，我不免擔心起肌肉會不會被拉斷。為了一趟大甲媽祖之旅，走斷自己的肌肉好像不怎麼划得來。

我看康跟我的狀況有點像，一路健步如飛的他，即使沒揹行李走到這裡也開始不對勁。兩個人四條腿，一個外八，一個「掰咖」，我用左腳拖著右腳，右腳掌跨出去就在外面側繞一個圈再收回來，每走一步大腿的肌肉就抽痛一次。

我們畢竟年輕氣盛，想說反正快到彰化了，再撐也是一段路而已，所以這時全靠一股意志力撐著，想說咬著牙忍一忍就過去了。我拖著一拐一拐的步伐往彰化邁進，上大肚橋時彷彿不斷消耗一路上超前的進度，只能專注地驅使自己的雙腳繼續前進，完全無力去管是否有人超過我們。

一走進彰化，康問：「一條往市區、一條往鹿港……大甲媽祖該不會是要往鹿港那一邊吧？」我也是第一次，這下還真的不知道遶境路線是往哪走，我只覺得好累、好痠、好痛，想快點到南瑤宮休息睡覺。按捺著忐忑的內心，又向前走沒幾步路，眼前鮮紅色的遶境路線指標雖然不是往鹿港，但也不是往市區，而是往西濱外環的茄苳王公廟。

我想，哭笑不得大概就是這種感覺吧。原本我們以為十點左右就可以進南瑤宮，一個睡覺一個回家，現在看來我們真的太天真了，原來進到彰化後的路程，才是今天的下半場比賽。

往茄苳王公廟的路程看起來長路漫漫，我再度感受到精疲力盡的脫力感，那是一種以為終點線就在前方，卻硬生生被人又往後拉了數十公里的無奈。

我跟康吃完早餐之後，看著國道三號高架橋底下的長路，沿著橋墩往西延伸根本見不到盡頭，內心明白這時我們已經瀕臨忍耐的極限，只能為搖搖欲墜的內心打氣，並且不斷催眠自己：「如果低著頭往

沿台一線直走可到南瑤宮，紅色箭頭為遶境路線。

前走，一定可以辦到，不能放棄、不能放棄……。」

沒想到這時，「嘩啦」的一聲，雨水無情地落了下來。痠痛、困苦、寒冷加上雨水，我們從昨晚八點到現在，已經走了整整十三個小時的路。十三個小時，是的，「才」十三個小時，後面可是還有八天七夜要走呢，這麼一想，又有誰能忍受得住？

下一刻，一個開著鐵牛車的阿伯噗嚕嚕地把車停在我們身旁問著：「少年仔，要不要坐？」終於，我跟康抵擋不了誘惑，認命的上車了。身旁的婆婆拍著我的肩膀，不停誇獎著說：「這麼年輕就出來跟大甲媽祖遶境，真的很好捏。」但這一時的輕鬆等於宣告旅程結束，那種無力感，讓之前所有的堅持在一瞬間功虧一簣。

我曾發下豪語要揹背包走完全程，哪知中途就把大背包換成小背包，如今又坐上接駁車，雖然只是一小段路，但是我知道我撐不住了。坐在鐵牛車上，不只小腿抽筋了、大腿抽筋了，就連肚子都抽筋了，要不是鐵牛車上一大群進香的婆婆媽媽看著，我很有可能會不爭氣地滾下眼淚來。

漫畫灌籃高手裡，安西教練曾說：「比賽不是在鐘響的時候結束，是在你選擇放棄的那一瞬間就已經結束了。」

雖說下了鐵牛車還是可以繼續前行，但是這時除了身體上的疼痛，內心更是飽嚐前所未有的恥辱。我氣自己怎麼這麼不中用，也氣自己太小看徒步遶境這件事，更氣自己為什麼當初要說那樣的大話。

後來我跟康花了兩個小時，把彰化大小宮廟的金印、符令拿完，就上了火車回家。這趟旅程最痛苦的莫過於兌現不了諾言，自己打自己臉真是一點也不留情的痛，整個人彷彿被一事無成的挫敗感給壟罩。

沒想到最讓人為之氣結的，是回到家後的隔天，一早醒來我就好了。

對，腳不痠，腿也不痛了，昨天的痠痛就好像消失得無影無蹤一樣。我無奈地想著，如果讓我痛個三天三夜在床上躺個高興，或許還能博取一些同情，偏偏休息一天之後，原本無法忍耐的疼痛就完全沒事了。

樂爸、樂媽看著新聞報導大甲媽祖的路線，問我要不要重回戰場，直接從彰化開始走。我只是坐在地上無奈的搖搖頭，那一瞬間不知道為什麼，哪怕知道身體狀態已經恢復，體力也休息充足，但就是不敢說要繼續踏上旅程。

原來，我不是無敵的，不是只要我想，什麼都能夠做到。

這是第一次，我學習到了，挫折。

回來的那一年

二〇一三年四月五日，我秉著大無畏的精神，再次挑戰。二〇一二年沒有完成的，二〇一三年必須做完，如果今年還是無法完成，明年必須再來。我說要跟著大甲媽祖徒步遶境，承諾了就要做到，因為「查圃仔，說出就是話」。

這一年來我先是甩掉了十公斤的肉，並且天天運動，增強肌耐力。有很多人都笑說，需要這麼誇張嗎？遶境不就是走路，而且走的不但是平路，一路上還有拿不完的免費物資，簡直到了茶來伸手飯來張口的地步。

想想自己之前也跟他們抱持同樣的想法，正因為吃過苦頭，所以我深知這不是耍耍嘴皮子就可以輕鬆完成的旅程。

二〇一三年才剛踏上路，滿天的風雨就有如朝聖般的湧入大甲鎮瀾宮，我身旁的阿伯說：「這就是大甲媽起駕之前的風雨來朝。」這樣的風雨來朝，讓整個大甲城滿城香火，雨中燒。

阿伯名叫林祥雄，是一位七十二歲的大前輩，樂爸特地去拜託他當我的嚮導。因為路上有很多人受他幫助，跟著他走完全程，所以大家喜歡稱他為班長，最大的特徵是推著一台自製的手推車，舉凡在大甲媽祖遶境路上，看到的手推車都是源自於他。

二十九年前，阿伯是第一個用手推車跟著媽祖遶境進香的人。沒有錯，二十九年，這條讓我才走一天就崩潰、放棄的旅程，他走了二十九年，而且風雨無阻，全程徒步。

阿伯長得並不高，頂多一百六十幾公分，但是他的背影就好像一座永不言退、誓不放棄的小山。這一路上他永遠走在我的前面，不管腳步有多慢、多沉，還是堅持往前走，因為只要往前走就會到達目的地，畢竟新港奉天宮是不會自己跑到你面前來的。

凌晨十二點雨勢漸歇，滿天的風雨就好像被老天爺一手收回去般，原本烏雲密布、狂風暴雨的天空，頓時

左起作者，洪嘉明、林祥雄、甘聰烈、康文耀。（攝影：王家興）

雲開霧散、光風薺月。路變得好走了，氣溫變得涼爽了，白天的塵埃被沖得一乾二淨，這場暴雨簡直就像是在替媽祖鑾轎起駕前洗塵一般。

出發前阿伯和我說，頭三天下去新港會路經大甲溪橋、大肚溪橋、西螺大橋等三座大橋，一路從大甲走到嘉義。所以出發之後一天能睡的時間就只有四到五個小時，其餘的二十個小時通通都在走路。

剛開始我認為一天睡四、五個小時很夠了，想當初念大學時常常一天睡不到四個小時，還不是照樣過了四年。不過才第二天晚上我就發現事情不對勁了，因為我可以一天只睡四個小時，卻沒辦法連續走二十個小時，甚至走完之後沒辦法洗澡。

洗澡，沒有錯，這也是令我非常意外的煎熬。一般來說不管再怎麼累、運動量再怎麼大，要是能洗個熱水澡，躺上床好好睡一覺，絕對是恢復疲勞最有效的辦法，可是這趟路途根本不可能天天洗到澡。

要不是多虧阿伯二十九年來累積的經驗與人脈，從西螺到新港都有認識的人提供幫助，不然我連要去哪裡洗澡都不知道。即便如此，這一路下來我們平均兩天才能洗到一次澡，總是處於疲勞無法釋放的情況下。說穿了，要不是來走這一遭，我還真無法想像，當一個人連洗澡、睡覺都變成奢望，無法再過習以為常的生活，那到底是什麼樣的情景。

說出來也不怕大家笑，其實我原本以為這次有前輩帶路，所以就很放心，沒想到才走到第三天就又崩潰了。拖著又髒、又累、又睏、又煩的身體，我只能像行屍走肉般放空自己的意識，跟著阿伯的背影往前走。

夜來晚風如水，輕輕地吹在像是熱開引擎般的身上，行走在寂靜的田野間，我只能抬頭數著滿天星斗，或是低頭數著自己的心跳聲。當喧囂的煙火聲在身後越追越近，就像是被無形的媽祖鑾轎逼著前行。

走在沒有路燈，伸手不見五指的鄉間小路上，不知為何我開始分不清楚臉上流的是汗水還是淚水。所有的一切都像是在逼迫我的意志力崩潰，讓我完全不受控制地開始和自己的內心對話，從小到大的往事，彷彿幻燈片般一幕幕從眼前晃過。犯錯、失敗、謊言、失戀、背叛、痛苦、罪過、驕傲、不屑、自大……不管好還是壞的一切，那些我平常忽略，或是刻意用理性壓抑在最深處的感情，在此時通通滿了出來。

如今回想起來，當時的自己就像是一顆頑石，一塊未經燒鑄的生鐵。遶境的每一步就像是一槌一鑿的淬鍊，在實際走過一遭，經歷那段崩潰後重生，才會變得更加堅強。

每當我想放棄，一抬起頭看到走在前面的阿伯，依然堅定地一步步往前邁進，我就在心中不斷告訴自己：「他七十二歲，我二十七歲。他可以，我憑什麼不行？」

讓我印象最深刻的是，當我們走到嘉義時，阿伯還能坐在地上跟朋友談笑風生，而我除了趕快洗洗睡之外，根本什麼事情都做不了。所以我忍不住好奇地問阿伯：「難道你的腳都不會痛，身體都不會不舒服嗎？」

阿伯笑著回答：「哪有不會痛的，只是有沒有唉出來而已。」

我發現在肉體與意志力的雙重極限考驗下，更能真正認識一個人。就拿阿伯來說，經過幾天的相處，不管這段路上有多麼痛苦，他總是用笑容去面對。哪怕是「鋼針穿過水泡」的時候，他的眼淚滾下來，表情也都還是笑的。或許就像人家說的相由心生，如果能夠說服自己笑就表示愉快，那麼不管遭受什麼苦難，只要還能笑得出來，都能減輕身心的苦痛。

我想，這次能順利走完這段旅程，真是多虧了貴人的扶持。除了要感謝一路帶領、照顧我的阿伯，還有沿途互相鼓勵打氣，完走第二年的鄭晴譯。當然，我也不會忘了陪走大甲到龍井段的死黨們，以及陪走兩天兩夜，最後跛腳回家的老爸老媽。

這些年來我常常問自己，完成這趟旅程後學到了什麼？我認真思考後認為，第一次成功走完全程，讓我學到了堅持。

畢竟這段路沒有人逼著我走，也沒有人逼我放棄，走與不走，一切在於自己。媽祖婆從來不會開口去跟任何人說要不要去走這段路、要不要放鞭炮、要不要稜轎腳、要不要提供食物、要不要提供資源……一切都是大家發自內心的行為。

這六年走下來，我始終無法為這段路做一個總結。不過每年當我走這段路時的感覺，倒是有個共通點——信則有，不信則無，心誠則靈，這是一段關於承諾的旅程。

第一年全程走完，我抬頭挺胸的和阿伯在鎮瀾宮前拍紀念照，雖然身體很疲憊，但心中滿是達成的滿足感。不管這一路走的多痛苦、多煩悶，歷經多少次崩潰，哪怕臉上曾經掛滿淚水，到達終點的時候，都要昂首闊步的挺起胸膛，綻放微笑。

第一年走完，我學到了堅持下去的意志力。

左起鄭晴譯、林祥雄、作者。（攝影：王家興）

行百里，半九十

「同學們，老師希望你們在往後的人生中不管做什麼事，都要記住一個道理——行百里，半九十。」

念高職時，班導杜老師總愛如此耳提面命。意思是，一個人如果要走一百里的路，那麼當他走到九十里的時候，其實只完成了一半，因為最後十里是最難完成的。

當年才十六歲的我，還沒辦法靜下心來思考這句話，任憑老師解釋多次，始終不能體會其中的意思。我心想：「既然要走一百里，一半當然是五十里啊，怎麼會是九十里呢？虧老師還是基本電學的專家，連基本數學都不會，實在是太可笑了。」

直到我首次完成徒步遶境的那一年，當我走到回程的大甲溪橋邊，才終於明白老師的意思。

走大甲媽祖有一個傳說，每一個人在出發前都可以到鎮瀾宮擲筊，詢問媽祖婆是否同意讓你跟著祂去遶境。

如果媽祖婆給了你「笑筊」或「陰筊」，表示不置可否或是不同意，假如還是執意要去，這一路上的考驗將異於常人的痛苦；如果擲出「聖筊」，媽祖婆就會派一名天兵天將跟在你的進香旗上，一路上不管有什麼痛苦，祂都可以給你足夠的勇氣，讓你繼續踏著步伐走下去。

因此每當我們聽到隨香客是第一年來遶境，都會問對方有沒有去鎮瀾宮擲筊。如果是聖筊，那我們就會篤定地告訴他放心走，一定可以完成；如果說沒有擲筊，或是笑筊，我們也會拍拍他的肩膀打氣加油。

二〇一三年，在吃完回程進大甲城前最後補給站的炸番薯後，我看著無遮無擋的大甲溪橋，插滿了恭迎媽祖回鑾的旗幟。強勁的海風拉扯著旗子在空中啪啪作響，旌旗擊空，晴空萬里。

我跟在阿伯身後踏著九天八夜一貫的步伐，但上了大甲溪橋後，進香旗上的天兵天將彷彿像被媽祖婆收了回去般，原先阻隔在外的情緒、痛苦，這時又全部湧上心頭。

我明明已經走了幾百公里，跨過許多困難關卡，可是當漫漫長路來到盡頭，竟控制不住翻騰上來的情緒，覺得最後這一段路怎麼如此漫長。海風帶著微鹹的氣息，宛如利刃般刮在身上，風沙緊緊地貼著皮膚，使肌肉的疼痛感瞬間放大了好幾十倍。

出發時的壓力，來自對前程的未知；而即將到達前的壓力，來自仍得耐心忍受全身難受的折磨，越靠近目的地，內心就越焦急、越想趕快抵達。從出海口捲進來的海風，宛如一頭怪獸在對我怒吼說：「你既沒許願，也沒打算證明給誰看，為什麼要這麼痛苦？放棄吧，走到這裡跟走到鎮瀾宮都是一樣的意思，堅持走完一點意義都沒有。」

不知道為什麼，我越走腳步越蹣跚。一路上我都有補充水分，所以心裡清楚這不是中暑，除了強迫自己繼續走，就是不斷在心裡重複著：「我都走到這裡了，就算是爬我也要爬回鎮瀾宮。要是在此刻放棄，前面的八天就什麼都不是了。」

我越是這樣催眠自己，雙腳、腹部就越是不受控的抽搐，彷彿身體的每一顆細胞、每一條肌肉都知道即將完成這一趟旅程，迫不及待地跳出來跟我抗議，不願意再往前多走一點點。

然而當我抬起頭，看著天、看著地，看著阿伯的背影，他的節奏仍是那麼緩慢而堅定。我的腿很痛，我相信他的腿也很痛，我唯一能做的就是給自己鼓勵，心想：「這段路或許是媽祖婆給的最後一個考驗，我必須熬過去。不管進香旗上是否真有天兵天將，還是一切全都只是我的想像……阿伯都沒說要放棄，我憑什麼說不走了。」

行百里，半九十。這一刻，我終於領悟當年老師說的道理。

原來不僅僅是遶境進香，其實生命裡的每一件事快要完成的時候，終點前的那一段路才是最艱辛、漫長的，唯有忍耐堅持，滴水才能穿石。

之後每一年回程走到大甲溪橋，我總會想起第一年的萬里晴空，然後默默在心裡告訴自己：「行百里，半九十。」不論速度多慢，只要堅持往前，總有一天會抵達終點。

遶境不是一場競賽，不論這一路上超越多少人，最後的結果都是如人飲水，冷暖自知。人生也是一樣的道理，儘管社會上競爭激烈，但始終不是誰跟誰的生命競賽。所有人都從起點出發，終點只有對不對得起自己而已。

當力量充沛的時候，眼光可以放遠，大膽邁開步伐；當困頓疲乏的時候，只要記得慢慢走總會到，便能幫助自己順利渡過難關。

終點前的最後一段路，讓我學到了忍耐。

走完第一趟與連續走完第六趟

乍聽之下，跟隨大甲媽祖走六年似乎很厲害，但這一路上走了十幾年的前輩比比皆是，套當兵術語來說，走六年還算是有點「菜」的。真要說的話，頂多是我這個年紀的人已經走了六年比較稀罕，如此而已。

遶境路上或休息聊天，免不了會遇到人問：「如果只是來體驗，走一年就夠了，為什麼會一走走六年？」前幾年我只是回答：「因為有一就有二，無三不成禮，所以就這麼走了三年。」但第四、第五年後我也常常問自己，為什麼三年之後還要繼續走下去？

肉體上的痛苦每一年都同樣深刻，從來沒有因為走了五、六年就變成超人。不過也許是心境上習慣了，後幾年倒是走出屬於自己的節奏，就好像當年我看阿伯，或路上的每位前輩一樣。每一個九天八夜全程徒步的誰不痛？但是當我站起身，整理好行囊再次上路時，誰也看不出

來我到底哪裡痛。

其實我的大腿內側的肌肉還在抽搐，你知道嗎？我的左腳趾已經麻掉兩天了，你知道嗎？我的皮膚被太陽曬得又刺又痛，你知道嗎？我的疲勞已累積到了極限，就連站著都能睡著，你知道嗎？

不知道，只要我不說，沒有人知道。

當我準備上路，一個健步如飛的大媽過來，笑著對我說加油，我還沒來得及反應過來，就看她用輕盈的步伐從田野間飛奔而過，快步消失在轉角處。接著一個頹廢的大叔過來，用疲憊的神情說我們好厲

東螺媽祖廟，大甲媽神轎即將到來盛況。

害，他跟在我們後面走了那麼久，看我們好像都不會累一樣。我只是報以微笑，然後繼續自己的旅程。

自己的路自己走，沒必要去羨慕別人的輕盈，因為你不知道他從哪裡出發，也沒必要去擔憂別人的痛苦，因為你不知道他的路還有多遠。

走在東螺媽祖廟轉往北斗的路上，一個莊稼漢捧著自己泡的茶，遠遠地端過來給我與樂爸。我們停下腳步，接過他的熱茶緩緩喝下。簡單寒暄兩句，一輛接駁車開過去，我看見剛剛那個健步如飛的大媽坐在車上。

我並不是說徒步就比較高尚，而是想說每一個人選擇的路不同。那位大媽虔誠地來跟隨媽祖婆遶境，一路上開開心心交朋友與人聊天，而我是想用自己的雙腳去感受在台灣這塊土地上，連續步行九天八夜會有什麼樣的啟發。

即便終點相同，過程不一樣，看到的風景也就不同。就好比那一瞬間，我與樂爸站在路旁喝著莊稼漢的茶，對那位大媽來說我們只是兩個路人，她沒看到我們，甚至沒看到這位莊稼漢以及這片田野風光，但她或許在車上交到了知心好友。

走了六年，除了提升對這條路的熟悉度之外，學到更多的是忍耐，隨著年齡增長，也逐漸發覺自己的渺小與不足。媽祖婆用這一條單純的路，鑿出了多少人性、多少喜怒哀樂。

我跟樂爸喝完了茶，莊稼漢對我們揮手，笑著說：「明年見。」我們只是笑著揮手沒有回應，然後就推著手推車緩緩離開。

遠處一個男人拿著登山杖，滿臉倦容不知道要往哪邊走，我跟樂爸對他指了指前方的岔路，然後與他同行。男人對我們滿口稱謝，我們邀請他將沉重的背包寄放在我們的手推車上。

男人一開始不知道是不好意思還是有所堅持，既然他表示不願意，我們也不勉強。待同行了兩、三公里後他終於忍不住了，主動詢問是否可以把背包放在我們的手推車上，我們表示樂意之至。

男人疑惑地問：「你們徒步九天八夜，難道都不累嗎？」我與樂爸笑而不答，但我想我們心裡的回答都是一樣的：「其實痛苦對每一個人都是公平的，不同的是你怎麼與它相處罷了。」

一再地挑戰同一段路的煎熬，我學到了，勇敢。

來自媽祖婆的考驗

這幾年走下來，我覺得媽祖婆會在這一路上不斷地考驗每一個人，考驗你離家踏上這段旅程的初衷。

常聽人說台灣最美麗的風景是人，走遶境絕對能讓你體驗到滿滿的人情味，不論是在路上、休憩、用餐的時候，只要開口請求協助，幾乎人人都會伸出援手，很多時候就算你不說，那一雙雙溫暖的手也會自動朝你伸過來。所以在途中很容易結交到新朋友，也有很多人在廟門外，與人一聊就是半個小時過去而渾然不覺。

「你從哪裡來？」

「台北。」

「你也是來走九天八夜的嗎？」

「是啊，你呢？」

「對啊，我是從台中來的。」

上述對話絕對是隨處可見的基本款，有許多人聊著聊著，等到報馬仔走進廟埕才驚覺媽祖婆的大轎近了，連忙收拾行囊再度啟程。接下來，一個上接駁車，另一個眼睜睜看著他離去。那個上車的還會跟走路的說：「上來啊，大轎就快到了，車子要開了喔。」如果是要全程徒步的人，這下就只能眼睜睜看著對方讓接駁車載著緩緩遠去。

沒有誰對誰錯，只是選擇不同的問題。有的人選擇搭接駁車跟隨媽祖婆，有人選擇騎機車或腳踏車，端看你跟媽祖婆的約定是什麼，在這段路上自然會有相對應的故事與考驗。反觀我們能做的就是掌握好自己的節

專載人的改良版接駁車。（攝影：王家興）

奏，不要因為人家還坐著納涼就鬆懈，你怎麼知道那人出去之後是搭車還是走路。

其實接駁車都是信眾自發性地開車幫忙，沒有人說不可以搭，誠如前面所說，要怎麼完成這段旅程，端看個人的心。不過若是與媽祖婆約好了要全程徒步，那麼接駁車就成了必須抗拒的誘惑。

我不曉得看了多少次這樣的場景，接駁車緩緩靠近隨香客，司機大哥把窗戶搖下來用純正的台語問：「欲坐車謀？」有些人一開始還會認真拒絕，只不過車子再慢都比兩條腿要快上許多，司機大哥便會跟在隨香客身旁，多鼓吹個幾句。

長夜漫漫，大道朝天，先不論接駁車的誘惑，光是路上有個人可以說說話、一起走，感覺就是大不同。當孤獨感湧上心頭，意志稍有不堅的話，十有六、七很容易就會上車，跟司機大哥閒話家常去了。

多虧了我的手推車，即便司機大哥想載也是有心無力。因為小發財車或廂型車都容納不下手推車笨重的體積，所以這一路上就算我真的受不了意志力的折磨，想要偷懶搭個便車，也會因為手推車而打消念頭。幾年下來，也算是給自己一個搭不了車的藉口，藉此擺脫這種誘惑的困擾。

還記得第六年的某個夜裡，彰化往西螺的路上，一個大哥開了一輛十噸半的大貨車，車尾附上電動門，上頭還有遮雨棚。他遠遠地看見我跟樂爸就熱情地招手，不斷吆喝著：「來喔，來坐車，我這台連你們的手推車也可以載得下喔。」

我跟樂爸啼笑皆非的看著眼前的豪華接駁車，心想這條路真的非常有趣，除了拜託人家吃自己準備的東西，還有拜託人家給自己載，或是拜託人家來自家作客喝茶等等，這些熱情一路上比比皆是。

就好像這位大哥，我想他開接駁車的資歷大概也算是識途老馬了，知道很多人會因為手推車而上不了接駁車，所以特地改良十噸半的大貨車，不論你推多大台的手推車，他絕對都可以幫你扛上去。

我跟樂爸苦笑著對他搖頭，大哥離開前

有個棲身之所，對隨香客來說已是莫大恩賜。（攝影：王家興）

還熱心地說：「沒關係，我還會到前面接人，這些天我都會在，如果下一次遇到要搭我的車喔。」我們不敢接話，低著頭快步走過。

後面一個拉著手推車的隨香客似乎沒有這樣的堅持，看到超豪華接駁車馬上過去嘗試。大哥驕傲地讓電動尾門下降，把隨香客連人帶推車一同載走，滿臉的興奮模樣。

接駁車究竟是不是誘惑，答案見仁見智。有些人沒這堅持，巴不得接駁車越多輛越好；有些人心中有堅持，接駁車就成了這一路上最大的誘惑。

看著路上來來往往的接駁車，我學到了，堅持。

施比受更有福

其實這七年參與遶境，曾經發生一件讓我非常遺憾的事。

話要說回失敗的第一年，我揹了個大背包在鎮瀾宮前面「起馬[1]」完畢，準備跟康一起離開大甲。

沒想到萬頭鑽動的人潮中，突然有一個婦人拉住我的背包，她問：「少年仔，啊你是欲去叨位？」我說我要跟著走九天八夜去嘉義，結果婦人竟說：「安捏好，阮也是欲去嘉義，阮跟恁走。」

接著這位婦人轉頭去推一位坐在輪椅上的阿婆，阿婆只是頭歪歪的坐在輪椅上不說話，那個輪椅兩旁掛了大包小包的行李。

其實我跟康當時內心感覺很複雜，因為這是我們第一次上路，只知道要去嘉義新港奉天宮，具體路線和路上有哪些宮廟都不清楚，老實說根本是泥菩薩過江自身難保，哪還有能力去幫助婦人與阿婆。

1　起馬：指遶境出發前的一個儀式。在買好遶境旗後會綁上鎮瀾宮的平安符，接著跟媽祖婆報告自己的姓名，說明要跟著遶境參加祝壽大典，因路上人潮眾多必須先行出發，請媽祖婆保佑一路平安。

即便我是年輕人又是男生，對於比較年長又是女生的她們，漫漫長路上如果遇到事情，我若不伸手幫助說不過去，一旦真的要幫助她們，我有這個能力嗎？

這裡我也不想說什麼冠冕堂皇的話，老實說我是很怕麻煩的人，說難聽一點就是自私。哪怕後來幾年行有餘力，我也都不太願意為阿婆、大嬸帶路，更不用說第一年在充滿未知的情況下，要我帶上這兩個拖油瓶。

後來我跟康默默加快腳步，幾個轉角後人潮一擠，那位推著阿婆的婦人就跟不上了。她在後面一直喊：「少年仔，卡慢欸、等阮這團、等阮這一團啦。」但我沒有停下腳步，只是一直低頭默念，跟媽祖婆祈求原諒。因為我實在不是不肯伸出援手，而是覺得自己沒有那個能力，甚至很怕在路上她們會拖累我，或是我會害了她們。想當然，就這麼跟她們走散了，後來也就不了了之。

只不過，這樣的自私讓我七年來始終耿耿於懷。我常想，或許那時候幫助了她們，是不是我跟康就不會走得那麼快，也就不會因體力不支而在茄苳王公廟放棄？然而想破頭也沒有解答，這件事也就成了心中縈繞不去的遺憾。

一直到第六年，我跟樂爸回程走到沙鹿保寧宮，以遶境路線來看，走到沙田路跟天仁路的交接口時，要轉進天仁路，然後接斗潭路繞一小圈，最後再從福興宮出來接回沙田路。

其實這一小段路走的人不多，大家往往會直接走沙田路去福興宮。由於我們全程徒步，前些年回程走到這裡都是精疲力盡，所以有好幾年沒有進去保寧宮。遶境走到第六年，這次覺得體況還算可以，加上樂爸是來還願的，所以能走的宮廟我們盡量都會去。

沒想到，就在我們參拜完要離開保寧宮時，突然一個人拉住我的衣服。因為後幾年我沒揹背包改用手推車，所以全身能拉的地方只剩衣服。我回頭一看，是一個阿婆。

阿婆問：「少年仔，啊你是欲去叨位？」

瞬間我真的是嚇了一跳，因為眼前的阿婆戴了一頂帽子，頭歪歪的，跟七年前坐在輪椅上的阿婆很像。當然我知道不是同一個人，但是給我的感覺卻非常相似。

因為這段路樂爸有朋友來陪他一起遶境回大甲，所以他們在前面聊天，我就走在後面。我喊了樂爸兩聲，他沒聽到就跟朋友走掉了。於是我只好回頭跟阿婆說：「我欲回去大甲。」阿婆說：「安捏好，我也是欲回去大甲，我這裡有一些行李，寄在你的車子上面，啊我跟你逗陣走。」

我看了看阿婆，突然想起第一年的情景，想起那個被我扔下的婦人跟阿婆。老實說，第一時間我還是很抗拒，但是不知道怎麼搞的，心裡卻閃過一個念頭：「七年前我是沒有

能力幫助人家，自己泥菩薩過江自身難保。現在我推著手推車，身體狀態還算不錯，如果再不伸出援手，心態跟六年前比一點改變都沒有，那我這六年豈不是白走了？」

當下我接過了阿婆的行李，把它們放在我的手推車上，阿婆興高彩烈地跟在我身邊，我們就這樣慢慢地走出保寧宮。聽阿婆說，她走進來保寧宮這一段路上一直攔不到接駁車，加上行李又多，所以覺得對我「金歹勢」，我連忙跟阿婆說不會，相逢就是有緣。路上，一位大姊在發送熱茶。阿婆自己拿了一杯，熱心地也為我拿了一杯，我接了。大姊笑著說：「孫子跟阿嬤出來遶境，真的很好。」阿婆連忙表明我不是她的孫子，只是熱心幫她載行李的少年仔。

阿婆說完之後，大姊飄向我的眼神突然多了些什麼。雖然大姊沒說，但我心裡明白，畢竟一路上我也看了很多，那是尊敬一個人去幫助另一個人的眼神。

其實我很想跟大姊說，雖然我幫忙阿婆這一小段路，但是阿婆卻拯救了這七年來的我。我很感恩阿婆把我給攔下來，或許我才是被幫助的那個人。

原本我以為，要是能攔得到接駁車就可以直接送阿婆回大甲，結果在保寧宮外看到的接駁車，要回頭去彰化載人。我只好把已經上車的阿婆請下車，一起慢慢走完斗潭路，出了福興宮到沙田路上，才好不容易攔到一輛接駁車把阿婆送往清水。

一路上阿婆很堅持，只肯放兩包行李在手推車上，不肯讓我載身上的後背包跟斜背包，遊說她好幾次把東西放上來，阿婆始終堅持不肯。樂爸說我的福分未到，阿婆肯給我載這兩包已經是求都求不來的福氣了。

那一刻我突然發覺，一個人能夠幫助、給予另外一個人，原來是一種福氣，因為那代表了你擁有這份能力。七年前我不是不給，而是因為能力不足，泥菩薩過江自身難保，但是七年之後我的能力茁壯了，足夠到能夠去給予協助，感受這種幸福。

我學到了，施比受更有福。

保寧宮外面遇到的阿婆。（攝影：王家興）

謙卑與勇氣

一開始踏上這段旅程的時候，我認為這輩子難得可以一口氣參訪這麼多間廟，乾脆把自己的願望通通說出來，一路拜、一路祈求過去，只要有一位神明願意助我心想事成，那我就發達了。

從大甲出發，第一站是家鄉清水的朝興宮，供奉的也是媽祖婆，所以我就把準備好的演講稿拿出來，決定先從我的事業開始講。

「弟子王梓耘，家住清水鎮，今年二十七歲。今天跟大甲媽祖要往嘉義新港遶境進香路過這裡，祈求媽祖婆保佑我的事業順利，小說大賣十萬本，靈感源源不斷，賺大錢、錢大賺、大賺錢！然後保佑我的父親身體健康、事業順利，永遠都有接不完的錄影案子；保佑我媽店內業績長紅，事業順利，身體健康萬事如意；還有保佑我奶奶、親戚、朋友……」

我覺得難得出來一趟，當然要澤披眾生，只要跟我有關係的都應該說一遍，只要有哪個人中了，說不定我就可以跟著一起發達。俗話說的好，一人得道雞犬升天，這是多好的投資報酬率。

我就這樣一路走一路說，隨著離大甲越來越遠，祈求的話也就越來越少。一方面是說膩了，二方面是我的身體越來越不對勁。慢慢地，祈求的話變成了：「弟子王梓耘，家住清水鎮，今年二十七歲。今天跟大甲媽祖要往嘉義新港遶境進香路過這裡，祈求媽祖婆保佑我的事業順利，小說大賣十萬本，靈感源源不斷，賺大錢、錢大賺、大賺錢，然後保佑我爸媽身體健康、萬事如意。」

親戚朋友被我捨棄了，我的願望開始往核心人物靠攏，講稿後半只剩下我爸媽以及我在乎的人。

繼續往前走，祈求的願望越來越少，甚至當第一天的旅程結束，站在彰化南瑤宮媽祖娘娘面前的時候，我的祈求變成了：「弟子王梓耘，家住清水鎮，今年二十七歲。今天跟大甲媽祖要往嘉義新港遶境進香路過這裡，祈求媽祖婆保佑我的事業順利，保佑我爸媽身體健康，萬事如意。」

沒想到第二天，還沒過西螺大橋，才不過走出南瑤宮，我的台詞全改了：「弟子王梓耘，今天跟大甲媽祖要往嘉義新港遶境進香路過這裡，祈求不論哪一路神尊，保佑弟子能

走完這一趟路，平平安安、順順利利，其餘的弟子一概不求。」

有些時候進廟、燃香，根本不知道廟中供奉的主神是誰。有的是王爺公、有的是觀世音，一路下來拜的頭昏眼花，疲累再加上連續好幾天精神不濟，哪還知道誰是誰，只要能夠保佑我繼續走下去就好，我根本不去管其他人。

直到有一年與樂爸、樂媽走過西螺大橋，我突然覺得腰椎不適，好像隱隱有股刺痛，好不容易挨過西螺大橋，我卻一直覺得狀況不太對勁，冷汗貼著背部不斷沁出來。

樂媽建議我這一年走到這裡就好，跟她一起搭車回家，剩下的路就讓樂爸自己完成。

然而樂爸沒有建議我回去，反而問我要不要交換手推車，說不定是因為高度不同造成腰椎不

西螺大橋，夜景。

適，換了手推車就會好一點。

我並沒有和樂爸交換推車，因為我們兩個的身高差不多，如果真的是因為手推車高度引起不適，那交換之後，不就換成要還願的樂爸有可能走不完了嗎？

那一年在西螺太平媽面前，我忍著身體不適跪在媽祖婆駕前，虔誠地彎下腰拜了下去：「弟子王梓耘，今年跟大甲媽祖往嘉義遶境經過這裡，身體非常不舒服，求媽祖婆讓弟子的腰暫時不要痛，等完成這一趟九天八夜的路再讓弟子看醫生。請賜給弟子更多勇敢與堅持，弟子什麼都不求，只求能把這段路走完。」

三叩首。

那一瞬間，我突然覺得自己好渺小，渺小到連自己的身體都掌控不了。

曾經自大地以為自己走了幾年已算是識途老馬，可以輕鬆完成這趟旅程，但是當我抬頭看著太平媽神像，那眼觀鼻、鼻觀心的模樣穩穩地坐在堂前，我只能強壓著滿起來的情緒，跟樂媽揮手讓她獨自離開西螺回家，然後繼續跟樂爸往嘉義前進。

後面的漫漫長路，我安靜了下來。

每一處進廟、燃香。

每一路神尊座前，或站或跪，我只誠心祈求一件事——

「請賜給弟子更多勇敢與謙卑，讓弟子可以戰戰兢兢完成這趟艱難的旅程。」

這一段路，我學到了，謙卑。

緣盡

二〇一三年年初我發生了車禍，那是我與初戀女友分手的第一年。

與晴子交往了七年，彼此都以為我們會就此步入禮堂，但是我們都錯了，年少輕狂讓我們的人生就此錯身而過。

我與她都住在清水，所以北上打拚的我們，總是覺得自己離故鄉非常遙遠。每個禮拜我們總是固定往老家跑，她顧家，我愛清水，所以我常常跟她說，如果沒有非要在台北不可，其實我們大可以回去。

只不過，七年下來這件事情提過許多次，她總是覺得趁年輕，能在台北多拚幾年是幾年。為了這件事情我跟她吵了好幾次，甚至最後鬧到分開，我們對未來還是有著太多的茫然與未知。

離開她之後，我瘋狂地揮霍自己的人生，騎著租來的大型重機，在台北的林森路地下道，用一百四十幾公里的速度把自己摔出去，彷彿想把那台 KAWASAKI 的重機給摔個稀

巴爛，也把自己的身體和人生給摔得稀巴爛。

但是天不從人願，雖然我身上多處擦傷，卻沒有什麼致命的傷口。當護士拿著剪刀，剪開我新買不到一個月的褲子、衣服，拿下我新買不到八小時的安全帽時，我咬著牙，沒讓自己的眼淚掉下來。

簡單的包紮好傷口，我獨自一個人站在晴子的租屋處樓下，撥了幾通電話給她，想用傷口博得一點同情，讓她下來見我一面。

但是她沒有下樓，我一個人站在夜晚的冷風中，看著身上早已滲紅的紗布，七年的感情只換來這樣的對待，我怪她如此狠心，也怪自己為什麼要如此作賤身體。愛情就好像雙手捧著沙，不斷從指縫間流走，不管我多麼努力地併攏手指，仍無力阻止任何一顆沙子離去。

二〇一三年四月，我在滿天風雨中啟程離開大甲，踏上九天八夜的旅程。跟著阿伯一路走到二崙協

當時摔爛的 ZX-6R 防倒球，被我留下來做紀念。

天宮時已是凌晨三點，沒想到我竟在這時徹底崩潰了。

我拿起手機按了號碼，內心卻從沒期待電話會接通。畢竟凌晨三點，這種讓人緊張的深夜時分，我明知她不會接電話，也知道自己不應該打擾她，但是她卻接了起來。

距離我與她分手才過了三個月，這時我身上的每一寸肌肉都在顫抖，不知道是因為接通了與她的聯繫，還是因為寒冷、因為疲憊。總之我很沒用的哭了，眼淚就像是水龍頭被打開般不斷往下流。

她沒有說話，只是默默地等我哭完，然後跟我說：「加油，第一年沒走完的旅程，記得這一年要把它完成。」我點頭，想努力咬住牙根卻一點用都沒有，情緒早就淹沒我那自以為堅強的堡壘。

協天宮裡莊嚴的關聖帝君神像高坐，我拖著傷痕累累的軀體跪下，那一刻，我知道我與晴子的緣已盡，七年的愛情正式畫下句點。

猶記得在分手的幾個月前，我們到台北龍山寺拜拜，觀世音菩薩給了籤詩，要我們兩個好好相處，不要再吵架。我當初不懂，為什麼籤詩會叫我們不要吵架，是因為即將鬧得如此決絕嗎？

但在這一刻我似乎明白，這是因為我倆的緣已盡，那一支籤詩是要我們把握著僅剩不多的姻緣，好好相處不要再吵架了。

記得不知在哪看過一個故事，內容在說有一對情侶分手之後，男方悲痛欲絕幾乎走不出情傷，但女方卻很快就嫁人了。

男人認為女人太過無情，一時想不開走到湖邊想要自我了斷，正好遇上一位和尚。和尚問他為什麼想不開，男人就把事情一五一十的說出來。和尚想了想，便說了個故事：

幾十年前，海邊漂來一具裸體的女屍，有個男人走過來看了女屍一眼就離開了。之後又來一個人，他也看了女屍一眼，不忍她赤身裸體的躺在海邊，便將自己的外衣解下來為她蓋上，然後便離開了。最後第三個人看見女屍後，為她挖了一個洞，好好地掩埋了才離去。

男人聽完後感到不解，問和尚這故事是什麼意思。和尚回答：「你就是那個給衣服的人，女屍輪迴後在這一世成為你的女友，是為了要還上輩子你為她遮蔽身體的恩情，現在恩情還完，緣便盡了。」

男人又問：「那恩情還清了之後呢？」

和尚回答：「她還清了你解衣蔽體的恩情，自然要去找最後一位幫她掩埋身體的人。這一世與女人結婚的人，就是幫她掩埋身體的人，她必須用一生去還丈夫上輩子的那段情。」

男人聽完後頓悟了，收起眼淚，默默地離開湖邊。

我不知道這個故事是誰編的，但是年少的我總以為愛情可以人定勝天，只要有愛就能夠克服一切，直到把自己摔得傷痕累累後才發現，自己的存在竟如此渺小。

我們都以為自己是彼此故事中的第三個人，殊不知我和晴子都是那一具女屍，即便傷痕累累地還了前世的情，卻

二崙協天宮遇見大轎陣仗。

還是必須在茫茫人海中尋覓第三個人，用一生的愛去還。

那個夜裡，儘管兩條腿硬得像鋼筋鐵條，我還是努力收乾淚水跪倒在關聖帝君面前，艱難下拜，謙卑地匍匐著。

相濡以沫、不如相忘於江湖，祈祝她，一生幸福安泰。

經歷那一晚的崩潰，我學到了，放手。

第二章

那些屬於他們的故事

每個人都有自己跟媽祖婆約定的事情，也有想跟媽祖婆說的話。

不管天南地北甚至遠在海外，也不管身分高貴與否，出現在這一路上的人都有屬於自己的故事，就好像阿伯、樂爸，還有接下來會提到的蔣先生、千萬大哥、徐大哥等等。

大家的內心都清楚，媽祖婆從來沒有拿著藤條叫我們來。或許有的人在鎮瀾宮許了願，有的人只是為了心中的一點信念，總之信者恆信，對很多人來說，九天八夜就是一段承諾的旅程。

樂爸總說，一台手推車就是一個故事，其實假如你有空坐在廟埕、涼亭邊，仔細地與這些手推車的主人聊聊，就會發現那帶點濕潤的眼中滿盈人生故事，哪怕是聊上個九天八夜，也說不完道不盡。

有人為了妻子、有人為了兒子、有人為了父母、有人為了姻緣，原由不一而論，他們都不約而同地踏上這段路，然而十有八九，都不是為了自己而來。

常常看到同團的幾位大老闆，平時在社會上有頭有臉，混的是風生水起，但是這九天裡總會聽到他們笑著說：「好幾次為了洗一場熱水澡，跟路旁願意借熱水的商家、民家感謝鞠躬，頭都快鞠到地上去了。」

這還真應了那一句話：「眾生平等、心誠則靈。」

踏駭浪驚濤如履平地的阿伯

阿伯林祥雄帶我走完第一年之後，他的腿就出了點狀況。大概是因為上了年紀左腳膝蓋有些退化，這幾年下來走路一跛一跛的，雖然不影響生活，卻無法負荷九天八夜的漫長苦行。

這些年下來，我們都戲稱阿伯帶出來的徒子徒孫遍布江湖，即便他沒有來，大家出發前也都會先到阿伯的家裡集合，有的合影留念，有的互相打氣，等待今年打算一起走的夥伴。不論是否踏上旅程，阿伯已然成為我們這群人的精神象徵，他的身影在曾經受過他幫助的人心中，已留下深刻的印象。

當初阿伯為什麼要來走大甲媽遶境，而且還二十九年如一日地走？有時會聽到路上的人口耳相傳，還有樂爸的轉述。

二十九年前阿伯的母親生了重病，纏綿病榻藥石罔效，最後台北榮總請阿伯來將母親帶回，病情已經可以說是到了宣判死刑的地步。阿伯是大甲人，帶著母親回家後到鎮瀾宮

發了一個願，他和媽祖婆說：「如果能讓母親好起來，我就跟著大甲媽去遶境，走到不能走為止。」

那一年阿伯四十三歲正值壯年，從廟裡回到家後台北榮總來了一通電話，表示目前有一種最新的治療方式，但因為還在研究階段，所以問阿伯是否願意讓母親試試看。

畢竟母親已經病入膏肓，阿伯想說死馬當活馬醫，不然就試試看吧。他將母親送回台北榮總，結果沒想到新式治療非常有效，他母親的病況逐漸好轉，最後甚至能夠下床走路。阿伯只好摸摸鼻子，乖乖跟著大甲媽祖徒步遶境，這一走，就是二十九個春秋過去。

曾經有好幾年阿伯真的走到受不了，在大甲媽起駕前去擲筊，想耍賴皮地問今年是否可以不要參加，儘管每一年他都去擲筊問說能不能不要參加，但是每一年大甲媽祖都不給他「聖筊」，所以阿伯只好年復一年的走著，就這樣走了二十九年。甚至在阿伯母親壽終正寢的那一年，他都仍然堅持著當年的約定，乖乖跟著去遶境。

每當談起這一段，阿伯總是笑著說，二十九年前當他緩慢地走過嘉義迎賓橋時，兩腳痛得幾乎無法前行，然而看見大病初癒的母親在橋邊笑著迎接他，即便痛苦到快要流下淚來，還是只能咬牙笑著跟母親揮手，我們都被阿伯的這番話給逗得笑了出來。

如果時光倒轉二十九年，我想當年阿伯看到原本病入膏肓的母親還能康復，那不斷閃著晶瑩的眼眶裡，除了痛苦之外，還有更多的感動與欣慰吧。

金剛經說：「須菩提。若有善男子。善女人。初日分。以恆河沙等身布施。中日分。復以恆河沙等身布施。後日分。亦以恆河沙等身布施。如是無量百千萬億劫。」若能以一人布施一人得康健，不論此行多難多苦痛，我亦甘之如飴。

記得我第一次成功走到明道大學的時候，阿伯跟路旁發咖啡的大哥聊著天，他們兩個就像熟稔的朋友，然後阿伯睡著了大哥也沒叫他，著實急壞了我們幾個跟在身旁的小夥子。

看著媽祖婆鑾轎前的開路鼓緩緩靠近，阿伯還是歪頭呼呼大睡，正當我們不知該如何是好的時候，開路鼓的幾位阿公級大哥喊了喊阿伯。阿伯醒來後推著手推車上路，不疾不徐的跟幾位大哥邊走邊聊，我們就這樣自然地融入陣頭團，彷彿成了開路鼓的一份子。

最後陣頭團要轉進去明道大學表演，阿伯才跟他們揮手，往下一間宮廟前進。原來這些年下來他們早已相熟，開路鼓的大哥們都知道阿伯是誰，路上像這樣叫他

1985 年的林祥雄與手推車。（翻拍：王家興）

起床的經驗早不在少數。

某一年，我和樂爸從土庫媽出來正好碰上大轎，大多數隨香客都拚命地邁開步伐往前急行。而我只是推著手推車，跟著大轎後頭的人群與媽祖婆一起前進，萬頭鑽動中，只看得見鑾轎的轎頂在大太陽底下緩步推進。

想起那天跟開路鼓大哥聊天的阿伯，其實怕的不是在路邊睡著，只要是正常時間，媽祖婆前進，你也在前進，就不用太過緊張，怕的是睡過頭而已。我抬頭看著路上行色匆匆的人們，或許是這五、六年的洗禮，讓我比較清楚自己的節奏與前方的路途還剩多遠。

樂爸看到路旁一處公園微風正徐，我們便推著手推車到小公園納涼去了，當如潮水的人群簇擁著媽祖婆離開土庫，我倆早已呼呼大睡進入夢鄉。之後走到嘉義迎賓橋的時候，又見媽祖婆的大轎被堵在橋

2014 年的林祥雄與手推車。
（攝影：王家興）

頭，夾道滿是人聲鼎沸的陣頭、舞蹈表演，或是政治人物的致詞。我與樂爸便對著鑾轎點點頭，快速從人群中穿梭而過，先一步往嘉義奉天宮去了。

說到底，當年是媽祖婆治好了阿伯的母親，還是台北榮總的醫生治好的？

其實大家都知道，讓她康復的是現代醫學，是醫生、護理師，媽祖婆從來沒有親手幫阿伯的母親動手術，或是餵她吃藥等等。但是阿伯卻因為當年的那一個願，徒步走了二十九年，那一股信仰的力量，讓他一個七十二歲的老人家，還能夠連續徒步走上三百多公里的路，讓許多年輕力壯的小夥子望塵莫及。

想想自己不論是當兵、出社會，總是十分要強，以為沒有什麼事是自己做不到的，直到走過這麼一遭才從中學習成長。也漸漸地發現有太多事情，是我無法掌控。很多的歲月青黃不接，不是我想怎麼樣就能夠怎麼樣，天時、地利、人和，缺一不可，努力不懈也是必須的，隨時做好準備，是為了當機會來臨時我們可以更加從容地去面對。

但這一路上必須時時保持謙卑、寬容、虛懷若谷。遶境是，人生如是。

我學到了，信則有、不信則無，心願虔誠，必有迴響。

父親的願望

在別人口中，我的父親是一個多愁善感且心思細膩的人；在我的腦海中，我的父親卻是一個威嚴肅穆的形象。

二〇一六年路經鮮紅色的西螺大橋，雨水宛如咆嘯的野獸般，從出海口一路捲進狂風驟雨，被吹得東倒西歪的隨香客們，輕便雨衣幾乎沒有什麼功能，大叔、大嬸們扶老攜幼，壓低身體蹲在橋墩旁動彈不得。

而我與父親卻在風雨中緩慢推進，我看著父親不斷把斗笠壓低，歪歪斜斜的身體扶著腳踏車，慢慢一步一步往前走去。

我的父親是個攝影師，跟著大甲媽祖遶境三十餘年，拍過數千張的照片、踏過無數的鄉鎮、看過各式各樣的陣頭，甚至能細數路上大小宮廟的位置。不過他從來沒有全程徒步走過遶境，因為他總說行程太過艱苦，不是一般人能忍受的，若不是為了我，今年他也不會來走。

路上常有老前輩說，雖然走的路一樣，時間也是一樣，但是每個人的體會各有不同，媽祖婆會特別考驗第一年上路的人，看看他們是不是真有決心和毅力。有時你剛好趕上了前方的烏雲，有時你剛好看到了雨過的天晴，有時你的耳邊縈繞著惱人的蚊蠅，有時你正好能拿到報馬仔的紅絲線。

一樣的幾萬人走一樣的路，卻有著幾萬個截然不同的體驗。

二〇一六年是我參與徒步遶境的第四年，是我父親的第一年。因為他偷偷向大甲媽祖發了一個願，如果我能夠順利找到正職工作，他就跟著大甲媽祖全程徒步遶境三年。

寫小說過日子雖然自由，但父親始終擔心收入不夠穩定，他希望我可以藉由離家打拚，學會承擔多一點責任。真正到職場上歷練，去了解一下人生的辛酸苦辣，而不要總是活在自己的天馬行空。我不知道是不是因為他發願的關係，那時我竟鬼使神差地接受一場面試，並在那家公司待了下來。

得知這樣的真相後，其實我內心很是訝異。打從大學就離家的我，已經十幾年不曾長時間在家，北上後更是鮮少回鄉。因為寫小說已經成了我可以勉強餬口的技能，所以萬萬沒想到父親會為了我的工作，向大甲媽祖發願。

假如說回到六年前我還沒踏進小說圈，父親擔心我的未來而發願，那我還可以理解。

但經過六年，雖然我的小說事業不能說飛黃騰達，但至少能夠支撐度日，說什麼我也不會想到，父親會發這麼一個願。

這一年再度走到西螺大橋，踏上雲林縣的土地便逢大雨，渾身溼透的我們找了間五金行躲雨，老闆娘十分熱情地外借浴室，讓我們可以沖個熱水澡再上路。

這九天八夜除了身體的磨難外，最麻煩的就是去哪裡洗澡、睡覺。誰都不曾想過當習以為常的生活變成一種奢侈時，一場滂沱大雨後那道曬乾身體的陽光，既可以是種磨難與酷刑，也可以是大自然的恩賜。

東螺媽祖的廟門外，父親的腳底起了一顆好大的水泡。對步行的人來說，狂風暴雨或大雨將至的悶熱都可以忍受，唯獨不能忍受起水泡，那種疼痛感會延著肌膚神經直穿腦門，讓人瀕臨崩潰邊緣。

父親跟我說，當他看著東螺媽祖用觀自在的神情看著自己的時候，他的眼眶曾忍不住泛起淚光。

反覆思量，父親是攝影家，曾任台中縣攝影協會理事長，在攝影圈裡也算是赫赫有名的大前輩，或許我與父親的共同點，就是身上都流著一股不切實際，任性浪漫的藝術家之血吧。

人生匆匆數十載，我初出社會想以寫小說為志業浪蕩了兩三年。父親原本不以為意，畢竟生命自然會找到出路，做不下去我自然會轉換跑道。但時間這麼一晃，六年就過去了。當我的同儕漸漸在職場嶄露頭角，而我卻是一個與世隔絕的小說家，父親擔心如果我還是不踏進職場，或許我這輩子就沒有機會了。

他不只一次跟我說過，沒有社會歷練、人生經驗，很難成就一篇好文章。我總是嗤之以鼻，認為小說與攝影根本就不同。

穿過了初春豐饒的田野、滿天星斗的八個夜晚；穿過了熱情的人群、張牙舞爪的陣頭，我們和成千上萬的信徒跪在回程的路上，頂禮膜拜媽祖鑾轎。當前面的信眾如稻穗般彎下腰，匍匐在地上時，我抬起頭看著日月傘下的鑾轎，鞭炮聲震耳連天，神威赫赫。

那樣簡單的一頂轎子，對照年少輕狂時曾經不屑信仰，此時此刻的我卻甘願趴下身子，用自己的肉身為路，祈願能做一塊石階，只為那看不見摸不著的力量墊腳。

要說這是信仰也好，要說這是文化也罷，至少我和父親因為這趟旅程體驗了九天的喜怒哀樂。在這力爭上游的年紀，在這忙碌的社會，在這什麼都講求效率的時代，我放逐自己披頭散髮、一身汙垢，思索著心靈的平靜，還有和父親相處的每一個日夜。

我永遠不會忘記，那一年在西螺大橋上父親歪著斗笠、頂著狂風，牽著腳踏車往前走的模樣。

路上偶遇攝影多年的老前輩，他問父親為什麼要走，明明跟著拍攝了三十幾年，對於大甲媽祖的行程、文化也都有深入了解與研究，為什麼還要親自走這一遭？

父親總是笑而不答。但我知道，他甘願放下三十多年的堅持，把鏡頭收回防潮箱，明知這趟路的磨難與痛苦，仍甘心為了兒全程徒步。

如今三年走完，我在公司也待了三年，漸漸體會到父親的用心良苦。擁有穩定的收入、生活，壓力來源不再是一筆筆的稿費，換成了職場上的利益糾葛、勾心鬥角。這三年下來，我雖然文章寫得少了，生命卻豐富厚實了。

因為父親的這個願，讓我原本狂奔的小說生涯慢了下來，靜下來才能感覺到風，才能聽到蟬鳴鳥叫。不論之後我要繼續工作，還是重回小說戰場，有了這三年的經驗，我都進可攻、退可守，選擇更加多元。

2016 年的作者與樂爸，全程徒步回到大甲鎮瀾宮。

或許樂爸會擔心，就是因為我跟他很像吧。我們都是守著自己夢想過日子的人，為了小說我在家裡坐了六年，整天開電腦打字，他則是抱著相機鏡頭踏遍台灣大小鄉鎮，我們都為了自己的理想，而不惜撞得遍體鱗傷。

當我說想要踏上小說、文學這條路的時候，樂媽擔心我跟樂爸一樣，需要為了夢想而辛勞一生，樂爸也怕我變得跟他一樣，一輩子追尋那遙不可及的理想。所以他們兩個都希望我去找工作，踏踏實實、安安穩穩的過日子，至少不要連累了那個願意跟隨我過一生的人。

每每提到這個話題，我總反駁自己跟樂爸不同，認為一定能夠闖出屬於自己的天下。但是當我說出這句話的時候，樂爸說當初他也覺得自己會跟爸爸不同，然後隨著年紀漸長，很多事情逐漸有了體會，也逐漸發現，其實所謂成功、所謂夢想，並不是在社會上有多大的成就，說到底還是為了在乎的人所付出的一切。

仔細想想，十六年的歲月楊過都等到小龍女了。大概只有當我逐漸體會到，人生其實都是為了別人而活的時候，才是我真的成熟長大了吧。

和父親一起共度的日子，我學到了，關心。

和我一起走的輕小說作家

二〇一六年除了是樂爸第一年全程徒步以外，還有一件有趣的事，那就是來了一位難得的稀客陪走。

這位稀客就是小說作家「八爪魚」（現筆名為穹魚）。由於他本身是基督教信徒，來走大甲媽祖只是純粹體驗，所以沒有拿進香旗也無所謂。

這也是大甲媽遶境最特別的地方，雖然媽祖是一種信仰，但我總覺得這一份信仰，有如墨子說的兼愛天下，無論跟隨的信徒是傳統道教、佛教，還是外來新興宗教，祂總是來者不拒。也因此近幾年，有越來越多的外國人加入九天八夜的行列，甚至要比台灣人更加狂熱。

記得那一天，八爪魚豪氣干雲的說要陪我走到彰化，然後我們就從大甲出發了。他的體力跟我預計的差不多，大概走到清水就開始出現不太對勁的狀況，走到沙鹿附近，他問了我一個很有趣的問題：「阿樂，彰化前一站是哪裡？」

我回答他：「如果還沒過大肚溪橋的話，應該是王田吧。」

他又問：「那王田有火車站嗎？」

我跟他說：「如果要找火車站，可能要到追分、成功那邊，怎麼樣？要放棄了嗎？」

他嘴硬回答我：「當然沒有，不然就先走到追分再看看狀況好了。」

我們繼續上路，一路上樂爸、還有幾位隨行兩日的朋友，大家都不斷關心他的身體狀況，無奈越關心越糟糕，他的狀態就像溜滑梯一樣快速下滑。才剛走進龍井他就忍不住問：「追分還很遠嗎？」

我跟他說：「差不多要走到天亮才會到，現在才凌晨兩點多，還早啦。」

他只好忍耐住「痛苦」，繼續往前走。為什麼我可以這麼輕易地判斷他很痛苦？因為此刻他的表情，就跟我那些年經歷過的一模一樣。

我們只能在路旁多做休息，讓他盡可能地恢復體力。當然我們心裡也有數，在這條

2016 年出發前的作者與八爪魚。

路上如果已經萌生要放棄的念頭，那通常再堅持也不會很久了。果然在準備進入大肚萬興宮的時候，他就問我：「天比較快亮，還是火車站比較快到。」

我沒多想的說：「火車站？你說哪一個火車站？」他跟我說，隨便一個火車站都可以，他想要回家。我告訴他：「到萬興宮大概五點多，應該天也快亮了，你只要往下走就可以看到大肚火車站。」

接著，他就毫不猶豫地跟我們揮手說再見，獨自一個人前往火車站了。我完全可以理解他的心情，因為他身體的狀況，也是我身體的狀況，走的路一樣多、速度一樣快、休息節奏也是一樣，他很累，其實我也很累。

惰性，是人都有。其實我沒有比誰更厲害，能不能堅持走完，差別只在心中的一點意志力，每一個來走的人，心中都有著難以跨越的惰性。

有惰性是很正常的，畢竟除了這一趟路之外，人們不太有機會可以長時間這麼走。這一段路的滋味不是那麼輕易就能想像的，我大部分來走的朋友都沒想到過會是這樣，所以當心中的惰性開始發酵的時候，往往十有八九會選擇放棄。在某種程度上來說，我覺得這也是一段戰勝自己心中惰性的旅程。

之所以不喊累，是因為我們知道後面還有多長的旅程，如果在這裡喊累，那接下來可能永遠也到不了終點，所以只能把痛苦的呻吟，轉化成滿臉的笑容，哪怕眼中藏著淚水，也不能讓那點晶瑩落下。

同樣地，沒有說中途放棄就是不行，也不用評斷這樣是好或不好，每個人都有來走這段路的理由。他的信仰不在此，只是來體驗這一段風土民情，所以我想他已經滿懷收穫。

看著他離去的背影，樂爸說我第一年失敗的心情，大概就跟他一樣吧。我笑著點點頭，沒走過的人總是小看這一段路，就如同當年的我覺得這不過就是走路，有什麼了不起的？又不是跑馬拉松、登山之類需要劇烈消耗體力的活動，哪有人會因為走路而感到痛苦。

但這些年下來我理解到，不管我有怎樣豐富的詞彙，怎麼鉅細靡遺的形容能力，都無法完整描述出徒步遶境的痛苦。想要知道這段旅程到底哪裡痛苦，只有自己來走過一遭，才會明白箇中滋味。

難怪剛來走的時候，總是聽老一輩的說大甲媽祖「很

睡倒在路邊的八爪魚。

兇」，當時我不明白這個兇是什麼意思，一直到走了六年之後，這才漸漸明白。

媽祖婆嚴厲、嚴肅、嚴謹，如果你抱著一顆輕鬆的心面對，必定無法承受祂的考驗。哪怕走了六年，我還是只能誠惶誠恐，匍匐著彎下腰，亦步亦趨的前行，謹懷一顆戰戰兢兢的心，期望祂能給一絲憐憫，讓我安然渡過此生的駭浪驚濤。

我學到了，泰然。

燒檔密技

其實在這一路上，走路跛腳的狀況分成好幾種，腳踝痛與大腿痛、小腿痛的跛法都不一樣。

尤其有一種男性專門的跛法，是兩腿張開，一步踏出去，另外一腳畫一個半圓跟上來，兩隻腳的大腿怎麼也不敢靠攏。只要是這種跛法，一看就知道是燒檔。

印象最深刻的一次，遠處來了三個年輕人，跛法都一樣，老實說那畫面既滑稽又好笑，但自己也曾經是過來人，深知燒檔的痛苦，所以忍著沒有笑出來。

此時正好路旁陣頭車通過，堵了一個水洩不通，所以我跟樂爸就拿出隨身攜帶的小矮凳，坐在路旁看熱鬧等交通順暢再走。那三個年輕人走到我們身旁，看我們有小矮凳，索性坐在我們旁邊，一起等陣頭離開之後再通過。

我們這群在路旁相遇的陌生人就這麼閒聊起來，當聊到燒檔的話題時，他們三個異口同聲地轉頭看我，並且詢問該怎麼解決，還有沒有痠痛貼布。我跟樂爸對他們搖頭，並且

跟他們說：「如果真的是燒檔，痠痛貼布一點用都沒有。」

看著他們絕望的眼神，不禁想起一個跟我認識多年，名叫路仔的好朋友。路仔為人特別好強，幾年前跟交往了十多年的女友分手後一直沒走出來，後來跟媽祖婆許了一個願，若是一年內能夠交到女朋友就跟著媽祖婆去遶境。

結果一年過去了，他還是沒有交到女朋友，第二年他不但沒有退縮，甚至更虔誠地跟媽祖婆祈願，表示已經有喜歡的對象，如果能夠讓他追到這個女孩的話，他就跟媽祖婆去遶境。

結果，我就在第六年遶境的途中碰到了他。我看他不僅走的大小水泡連綿不斷，學生時期因為打籃球斷掉的小腿，更是讓他吃足了苦頭，燒檔、痠痛，各種我曾經遇過的痛苦，他一項也沒能躲過。

事後我們兩個聊起遶境，他笑中帶淚地訴說這九天八夜的辛酸血淚，在我印象中他這人鐵齒、好強，沒想到這次卻只告訴我一句：「大甲媽祖，神威赫赫。」

要說這一切是媽祖婆的功勞嗎？我不敢妄下斷言，只能說去的人講自己感受到了神蹟，沒有去的人不把這當一回事，媽祖婆坐在那裡，從來也沒有說過一句話，但信仰的確是一種讓每個人心裡安定的力量。

據路仔說，當年他走到土庫的時候身體到了極限，原本已經無法支持下去，沒想到他的女朋友就在此刻打電話給他，那通電話是他能夠走回來最大的力量。而且他還發現緩解燒檔的方法，大方與我分享。

男生有過經驗的都知道，如果要長期走路一定要穿「三角褲」，而且盡量貼身會比較好。如果穿四角褲，保證下檔會經歷一段驚心動魄的旅程，就跟路仔一樣。

他說當初他走到彰化的時候，在上廁所時把內褲脫下來一看，那血跡斑斑簡直就像女生來月經。燒檔讓他根本忘了腳上水泡的痛楚，燒紅的胯下兩塊比拇指還要大的擦傷，已經誇張到快要完全沒有皮膚的狀態。

為了解決這個問題，他不知道可以買三角褲，而是選擇了「凡士林」。

他說塗滿了凡士林的下檔，就好像車子引擎上了機油一樣充滿潤滑感，塗了就能夠再次上路，一路上只要沒了就重新補塗。

雖然當初聽他說這個方法的時候，我笑到躺在地上

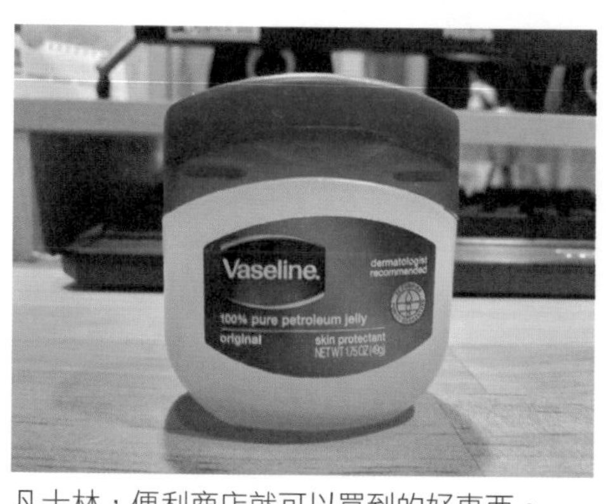

凡士林，便利商店就可以買到的好東西。

打滾，但此時此刻還是分享給那一群年輕人。原本當樂爸說到三角褲可以有效防止燒檔時，他們三個還一臉狐疑的不願意相信，但是當我說到凡士林這三個字的時候，他們的表情有如久旱逢甘霖，眼睛頓時亮了起來。

我說：「其實在便利商店就可以買到免洗的三角褲，如果因為太搶手或是人太多不夠分，那就買一大罐凡士林，整路跟胯下作戰也是可以解決這個問題。」

那群年輕人聽完之後，馬上興奮地起身衝向前方的便利商店。他們離開之後，我跟樂爸笑歪了腰，

七王府踏大小禮儀式。

這條路上常有這種笑中帶淚的場景出現，有時候不是故意笑人家的苦難，而是過來人看到這個情景，就想起當年自己也曾經為了這件事情而痛苦萬分，現在走過來知道問題所在，也知道該怎麼解決，自然可以輕鬆面對，笑看這一份痛苦。

然而，三角褲絕對比凡士林好用，三角褲才是正解、三角褲才是正解、三角褲才是正解，很重要所以說三次。

我學到了，經驗與準備。

繡旗隊的消炎藥

雖然我們常鼓勵路上的夥伴，也常被鼓勵，只要能夠走到嘉義就一定能夠走回大甲，所以總覺得回程的路比較輕鬆。

然而這一份輕鬆，說的是心理精神上而不是生理肉體上，畢竟路是一樣的，體力也是一樣，身體只會逐漸習慣這樣的極限，並不會因為拉長步行的天數就不再痠痛。

記得那一年走到彰化花壇福安宮，天剛濛濛的亮起，路上陣頭團的車隊陸陸續續抵達，繡旗隊的大姊們也在交班車上睡了一輪。我跟樂爸才剛到彰化，就看一位大姊坐在路邊，表情痛苦的幾乎要站不起來。

樂爸原本靠過去要幫忙，不過幾位同是繡旗隊的大姊已經先圍上去，我與樂爸就抽回手，走進福安宮參拜。之後見人潮陸續湧進，我們匆匆吃了點東西就準備繼續上路。這些年來我們都會選擇盡量遠離人潮，畢竟九天八夜的徒步行程會讓身體狀況變得比較虛弱，摩肩擦踵的廟會活動便能免則免。

然而就在我們準備要離開福安宮的時候，剛剛繡旗隊的那一位大姊，坐在路旁騎樓下表情依然痛苦，兩條腿幾乎呈現一個僵硬的姿勢無法動彈。

這一次，樂爸趕快靠過去問繡旗隊的大姊身體怎麼樣。大姊將繡旗靠在旁邊，然後揉捏著幾乎無法動彈的雙腿，無奈地搖頭對我們說，她實在是很想走，但這兩條腿就是不聽使喚。

樂爸問她，為什麼不搭車就好？大姊不好意思地說，自己排了好多年才能來幫媽祖婆拿繡旗一起遶境，怎麼可以一直搭車。現在輪到他們這一班要走，當然就是要下來幫媽祖婆開路。

我跟樂爸看她掙扎著想要爬起來，卻一

鎮海安瀾，鎮瀾宮繡旗隊。（攝影：王家興）

次次摔回地上的樣子，實在是於心不忍。偏偏這時繡旗班的人過來催促，說媽祖婆大轎準備前往福安宮，他們這一班繡旗要交班，問這位大姊要不要走，如果真的沒辦法走就搭車沒有關係。

只見大姊堅持著，一邊扶著旁邊的柱子一邊爬起來，甚至不敢拿媽祖婆的繡旗當拐杖，我看著眉頭已經深深鎖在一起的她，吃力地抓著繡旗亦步亦趨往前走。六年的經驗讓我跟樂爸都明白，大姊已經不可能繼續走下去了，哪怕真的讓她走出了福安宮，也不可能應付下一班的繡旗隊輪替。

如果她不是繡旗隊，我們就會強烈建議她搭接駁車就好，但是大姊把能幫媽祖婆扛繡旗開路當成一種榮耀與使命，就像她說的，她好不容易排了好幾年，才終於排到可以幫媽祖婆拿繡旗，怎麼可以在這時候放棄。即便只是看著她的背影，我們都能夠感受到那股強烈的執念。

同行的人問她到底行不行，大姊還是堅持地點頭說可以，儘管她光是走了三、五步就搖搖欲墜，但是她仍然不肯放棄。

樂爸追上去，問她要不要吃一點藥。大姊說她早就吃過止痛藥了，但是沒有用。於是樂爸將消炎藥拿出來，塞進大姊手裡。

大姊沒看過這種藥丸，問樂爸這是什麼。樂爸告訴大姊這不是止痛藥而是消炎藥，我們家的藥理都來自在藥局工作的樂媽。

這一路上只要看到努力堅持的人，我都會想起自己失敗的那一年，或許是跟他們一樣有著類似的心情，儘管沒有人逼迫，儘管已經如此極限，但還是想要繼續走下去，就好像一種和自己的約定。

又或者是一種跟媽祖婆的默契，常聽老一輩的說某某神明很「靈顯」，到底靈顯是一個怎麼樣的感覺？我想在這一瞬間，或許可以理解成一種與媽祖婆之間的默契，希望自己可以為媽祖婆盡一份心力，多走一段，多一分堅持與勇氣。

大姊將藥丸吃了，我跟樂爸在那裡陪著大姊一會兒。十分鐘

繡旗隊，風調雨順慶天麻。（攝影：王家興）

後，大姊深鎖的眉頭舒緩開了，樂爸拍了她一張照片，我們便繼續前進。

真要說大姊求的是什麼，或是大姊有什麼故事，我想我可能永遠也不會知道。這一路上若非必要，我也很少去問人家為什麼要來走這段路，但是所見所聞聽多見多了，就會明白一個人排了幾年，只為了在這九天八夜裡面幫媽祖婆拿著繡旗，走在陣頭團裡一步一腳印的為大轎開路，我想絕對不會是閒著沒事來這裡找樂子的。

大姊扛繡旗，我拿進香旗。
（攝影：王家興）

更何況這一路上，大姊走的一點也不輕鬆。就好像人生，我們痛苦、我們快樂，人與人之間只會看到當下所表現出來的那一面，卻沒有人知道，為了走到這一天，人家忍受過多少的辛酸苦楚。

若我們因為不忍而叫她放棄，殊不知人生無常，九天八夜不是一個短暫的旅程，在忙礙的現代社會，她還有沒有下一次來走這條路的機會。

有時候我們求的，就只是一個心安而已。

我學到了，不干涉，給予祝福就好。

神威顯赫鎮四方

我認為以下要談到的這一段路，是這九天八夜裡最特殊的一段。

在樂爸吆喝下，我跟著他快步踏過二崙仔的墓仔埔，回頭看著那涼傘高舉，頭旗揮舞，滿地隨風揚起的黃紙，大轎在青火中被簇擁著緩緩而過。我們彷彿踏過冥河兩畔，看不到的夜色中宛若跪滿了人，祈求著子子孫孫，世代平安。

遶境旅途中特別的人、事、物說也說不盡，但是有一段故事牽涉到「另一個世界」的信徒，所以我特別想把這個拿出來介紹。

在雲林二崙仔這個路段有片墓仔埔，媽祖婆大轎走到這邊的時候，大概都是凌晨三點多，老一輩的說這邊比較陰，因此有些女生或是落單的隨香客，都會在協天宮等人多一點再一起過去。

這邊有個很特別的現象，就是每當大轎快到墓仔埔的時候，兩旁電線杆上掛的「放送頭」，就會開始對著空無一人、滿地黃紙的墓仔埔進行一連三次的廣播：

「咱這里欸里民，等咧鎮瀾宮大甲媽，就要從咱這里經過吼，啊請咱這里欸里民起來，踮咱路欸兩旁，恭迎大甲媽的神轎。」

我站在墓仔埔通往墾地的橋上，看著哨角隊揚起了哨角，千里順風兩位將軍踏著八字步，威風凜凜地為大轎開路，頭旗的掌旗官紮下馬步，掃開旗幟。漫天灑滿了黃紙，開路鼓一馬當先，繡旗隊、彌勒團、太子團、神童團、三十六執士紛紛魚貫穿過墓仔埔。

樂爸再度吆喝著，我推著手推車轉頭快步下橋，邁開步伐朝墾地前

熱鬧的協天宮，誰也沒想到出去之後，轉角就是墓仔埔。

進。忘記是哪一年，番薯團有個來自大甲的蔣先生說：「咱要好好的保惜這個所在，媽祖婆照顧咱一家大小平平安安，阮以後投胎轉世還要來走，恁這些年輕人要把這個文化傳承下去。」

聽到這話，再看看他傷痕累累的腳，一點也不比我的漂亮到哪裡去，大小水泡一顆也沒長輸我。他的年紀跟樂爸差不多，也是虔誠地走了十多年的隨香客，早在大甲媽祖被列為世界公認三大宗教盛事之一以前，他就一路跟隨鮮少中斷。沒想到現在從他嘴裡說出來的，居然是下輩子還打算來走。

或許這張支票開到了下一個輪迴，聽來可笑，但是一路上故事聽了、見了不少，儘管沒聽蔣先生分享過他的故事，但從他這十多年如一日的虔誠就知道，如果這一深聊下去，恐怕又是一把鼻涕一把眼淚了。

樂爸常說，這段路上一台手推車就是一個故事，此話不假，雖然他途步只走了三年，但畢竟拍大甲媽祖超過三十年。曾經聽一個大叔講起他的故事，原本還有說有笑的大叔，在提到為什麼跟著來遶境後，才知道原來他的小兒子得了血癌，他是為了他的小兒子來的，說到觸動情感處，大叔哽咽了語氣，樂爸的友人不敢再問下去。

走在往墾地的田野間，看著早已擦黑的天空，想著人生旅途，佛說人生有八苦，生、老、病、死、愛別離、怨嗔恚、求不得、五陰熾盛。

不論佛道、不談輪迴。其實這段旅程最常做的就是反思自己，這段路與人生無異，看見別人有車坐，看見別人有樹蔭，看見別人躲過了風吹、避過了雨打，但是這條路還是一樣，每個人的選擇不同，要走的路和前進的速度自然就不同。

又想起電影一代宗師裡說的：「憑一口氣，點一盞燈，念念不忘、必有回響。」

我學到了，自省。

孩子們的笑容與期待

一年一張照片，楊大哥就這樣拍了十多年。

坐在元長鄉的玉米攤，這裡是附近唯一的補給站，畢竟回程第一天剛從奉天宮吃飽喝足出來，時間又剛到天黑，許多嘉義人晚上都會到奉天宮看熱鬧送媽祖婆出城，所以迎賓橋後的家家戶戶，在這個時間點幾乎沒什麼燈火。

每一年我們只要到這個玉米攤一定會停下來，吃一支玉米喝一杯玉米湯再上路。即便這兩年隨香遶境的香客變多，路邊的補給攤也漸漸地多了起來，但我們還是會堅持走到玉米攤才休息，這個習慣主要是來自團裡的楊大哥。

這位楊大哥是台北人，十多年來每年都從台北搭火車到大甲參與一年一度的盛事，而且還是我這在段路上接觸到的少數「勇腳」角色。

所謂勇腳，就是可以在第一天跟著大甲媽祖一起出城，然後中途追過大轎在前方休息，等之後走到比較熱鬧的鄉鎮，又慢下腳步跟在大轎旁邊一起前進，速度收放自如。

然而勇腳不是我要說的重點，重點是這位楊大哥每年來到玉米攤的時候，都會為玉米攤主人家的小孩拍一張照，待隔一年再來到這個地方的時候，就會將去年拍的照片送給孩子們。

這件事情看起來沒什麼，但仔細品味後卻透露出一種難以言喻的堅持。首先要走到這裡，就表示必須先通過前三天南下嘉義的考驗，等到祝壽大典結束之後回程走到這裡，楊大哥才能將這些照片拿給孩子們。

而且今年給完，拍了新的照片，就表示明年還要再來。人生無常，現代社會忙碌，事業、家庭等諸事繁多，誰能保證真的跟誰明年再見。

這一張不僅僅是照片，更是一種對孩子們的承諾。久而久之，孩子們習慣了會等楊大哥，十多年的歲月，從一個母親懷中的嬰兒，等成了一個少男少女。滴水穿石，就好像生活中的許多事情，做一次不難，但是做一百次就很困難；做一年不難，堅持做上十多年，箇中冷暖已不足為外人言說。

元長鄉的愛心玉米攤。

因應楊大哥的這個習慣，我們大家也就停下腳步，吃玉米的吃玉米、喝湯的喝湯，嘻嘻鬧鬧等他拍完照再一起上路。

看著楊大哥忙著幫孩子們拍照，我們一行人看著夕陽西下、華燈漸暖，心情也跟著輕鬆起來，在大家聊起天之後我才知道楊大哥的故事。

聽路旁某位奉茶的大姊說，楊大哥當年工作不太順利，和老婆生了第一個孩子之後，孩子的身體狀況不太好，得了某種先天性疾病，所以楊大哥與妻子遲遲不敢再生，因為這個原因跟大甲媽祖結緣來走這段路。

據說那種先天疾病，不管是借助醫學力量還是借助神靈力量都無法痊癒，但至少可以平安成長。後來路上許多人鼓勵楊大哥，要他與妻子再接再厲，天公疼憨人，總是會有好結果的。

楊大哥遲遲不敢下決定，走著這段路誠心向媽祖婆祈求多年，後來好不容易有了第二個小孩，到孩子出生之前，楊大哥一顆心都還是七上八下的，直到孩子出生之後母子均安，孩子的身體狀況也健康得多，這才放下一顆懸在半空中的心。

沒想到楊大哥這一走就是十多年，愛心玉米的照片從嬰兒拍到了長大，每到大甲媽祖出巡的期間，孩子們都會等著楊大哥到來，用玉米交換他的照片。

人生數十載，哪個人沒有不足為外人道的故事，有的是幸福、有的是瘡疤。四方田野吹著暖風徐徐，我與樂爸吃著手中熱騰騰的玉米，跟著大甲媽祖遶境南巡這九天八夜，有多少人是來接受考驗，有多少人是來療傷，藉由媽祖婆的這條路，一槌一鑿的淬鍊著每一個人。

在這條路上，沒有人會叫我吃飯、睡覺、休息、趕路，一切操之在我，走與不走，我自己決定就好。只不過這份承諾是自己給自己的，自己是沒有辦法欺騙自己的。

看著楊大哥的背影，那些孩子簇擁著他彷彿英雄式的歡迎，然

每年上路，都像在認識新的自己。（攝影：王家興）

後歡天喜地的拿走屬於自己的照片，大人小孩都熱烈地討論著自己去年到今年如何又如何，主人家甚至拿出一整本的相簿，裡面滿滿都是楊大哥這些年來為孩子們拍攝的點點滴滴。

我在楊大哥的笑容裡彷彿看到了一個慈父，這些年看著這裡的孩子等著他的神情，就好像圓了他一個缺憾的夢。我時常覺得這就好像遶境旗上承載的願望一樣，所行所願，你視若珍寶的重要事情，對別人來說可能只是微不足道的小事。

你會發現，人生總是充滿缺憾，有的人在商場上叱吒風雲，回到家卻是空虛寂寞；有的人出發時大話連篇，走沒一半謊言就被戳破。似乎沒有一個人的人生是完美的，只能漸漸學習該怎麼去面對自己還不夠完美的那個區塊，比怎麼努力展現自己拿手的生命更需要智慧。

楊大哥拍得差不多了，我跟樂爸也吃得差不多了。一行人從大甲出發有先有後，但是到嘉義之後再從奉天宮出發回去，大部分的人都是一起同行，呼朋引伴的相當熱鬧。這路上的許多鄉鎮村莊，也都期待著媽祖婆的大轎經過，比過年還要熱鬧的人潮，撥動著南部這些鄉村每一位信徒的情緒。

推著手推車我們繼續前行，楊大哥跟孩子們揮手道別，眼神中充滿了燦爛的光彩，不像沒用的我，還在猶豫明年到底要不要來。如果來了，到底自己的意志力還能不能撐到這裡？感覺對楊大哥來說，就是等個三百六十五日夜，然後帶著相片重回這個地方，一切就是那麼樣的理所當然。

或許玉米攤孩子們的笑容，就是推動楊大哥年年上路的重要原因之一吧。

我學到了，寄託。

船長的兒子

我跟樂爸在這九天八夜途中，其實聊的都是一些家常。真要說比較特別的，應該是沒幾個小孩子能夠拿針戳自己的父親，而且他還會跟你說：「你刺準一點，好像沒刺中，再刺一次啦。」

當然，自己的水泡盡量還是自己刺比較好，但是如果遇到一些比較麻煩的水泡就需要幫手，這時候就可以適時地伸出援手幫對方一把。

老實說，我們家並不是那種會把「我愛你」掛在嘴邊的家庭。我的父親對路上的陌生人，對陪走的朋友都可以侃侃而談，唯獨對我這個兒子反而壓抑，很多時候我們兩個都是自己走自己的，偶爾問問對方要不要休息，要不要吃東西而已，連食物都很少幫對方拿。

不幫對方拿不是因為冷漠，而是知道這一趟路很長，路上可以拿到的資源補給很多，只取自己需要的就好，如果非必要就別幫別人拿吃的，到時候大家都吃不完，浪費食物就不好了。

我們兩個在路上也吵了不少架，就好比說有些時候他想搭帳棚，但是我覺得帳篷很熱，哪怕只有一層紗網不蓋外帳，我還是覺得熱，所以堅持點蚊香睡外面，但是對他來說，他就會希望睡帳篷裡。為了這種小事吵架，已經成了我們每年必定上演的戲碼。吵歸吵，但是我也明白，這是一種幸福。

記得剛開始走的前幾年，因緣際會在途中結識了一位船長。船長跟他的兒子、妻子都會一起來遶境，一路上如果遇到風趣的他，話匣子打開總能夠天南地北與你聊個不停，甚至聊到被陣頭追上，他也不肯放過能夠與人聊天的機會。

直到有一年，我們沒看到船長，只看到船長的兒子。我們問他，

被陣頭追上，匆匆回頭按下快門。

為什麼今年他的父母親沒有來？船長的兒子告訴我們，他的母親生了重病，船長在醫院陪伴她，他來走這趟是為了母親祈福，希望病情可以有所好轉。

聽到船長的兒子這麼說，我們也默默地為船長一家人祈禱著，大甲媽祖神威赫赫，說不定真的走完會出現什麼轉機。

結果誰也沒想到，那一年船長的兒子才到大甲溪橋頭就接到船長的電話，說他的母親已經走了。

原本我眼前的這個年輕人是要立刻飛奔回去的，但是電話中的船長非常堅持，兒子既然說了要走九天八夜，就必須完成對媽祖婆的承諾。

那一天夜裡，船長的兒子坐在大甲溪橋頭，月明星稀，鑼鼓喧天，車水馬龍都準備迎接大甲媽祖，唯有他靜默待在橋邊，一直等到過了十二點，他才走過大甲溪橋，到鎮瀾宮前面向媽祖婆磕頭下馬。

那一年之後，我沒有再見過船長與他的兒子，直到又過了幾年，從千萬團的洪

大甲媽的紅彩，九日八暝，總說一句，求的就是闔家平安。
（攝影：王家興）

千萬大哥那邊輾轉得知，船長還是會去找他泡茶聊天，笑罵如常，我們這才放下心中一顆石頭。

大甲溪橋上夜涼如水，晚風依舊，每年走過這裡總會想起船長兒子的身影。俗話說：「未註生、先註死。」有些時候，時候到了就是到了，任誰也強求不來。

我學到了，無常。

那一夜，我想縱容自己年少輕狂

或許每個人都有那麼一段不懂事的過去，我也不例外。

那一天在台中火車站前，一個年輕的高中女孩朝我走來。我不認識她，她也不認識我，但我們見面後直奔汽車旅館，沒有幾句寒暄，脫光了衣服就倒在白淨的床單上。

那一天，是初戀女友離開我，與男同事飛到新加坡出差的日子。幼稚如我，以為孤男寡女到異國出差幾天，就會發生什麼讓我不能接受的事情。

也許是自卑心作祟，我心想男同事又帥又多金，完全比下了自己這個初出社會還在掙扎求生的窮作家，因此不斷跟她爭吵，無法接受她與男同事單獨出差。但畢竟是工作，礙於公司的規定她不去不行，最後在我的怒吼聲中，她終究搭上了前往新加坡的班機。

所以那天晚上，我在網路聊天室隨便找了一個女孩相約見面，不為別的就為了上床，或許更直接地說，是為了報復。我不知道初戀女友有沒有對不起我，但是我決定對不起她，與其被她狠狠地傷一次，不如我先傷了她，或許我就是那麼幼稚吧。

抱著女孩赤裸的身體，沒感覺到什麼情慾翻騰，只感覺她不斷輕微地顫抖著。

我心想這六年的感情就這樣讓我狠狠地插上一刀，甚至我都不知道晴子到底有沒有對不起我，直接就對我們的愛情如此沒有信心，從大學以來一起經歷的風風雨雨，此刻正不斷與我的黑暗面激烈地拉扯著。

自以為堅定的愛情就在懸崖邊搖搖欲墜，陌生的氣味、陌生的臉孔，一切的一切，都是那麼樣的不熟悉。而且這麼做一點點的愛情成分都沒有，儘管我以為這麼做我會快樂，但直到這一瞬間我才發現，我徹底的錯了，就算我真的做了對不起晴子的事情，我也不會感到一點點快樂。

最後我將她用棉被裹上，很沒有用的穿上衣服逃出了房間，我沒有碰她。因為當我將那女孩摁倒在床上的時候，我的眼中出現的是晴子的笑容，那天真無邪的臉龐，那宛如星辰般的眼眸，總是相信我絕對不會做出對不起她的事情。

而我，卻無法像她相信我一般的相信她，或許是緣自於我的自卑、或許是緣自於我的度量狹隘。總之晴子出差回來之後，我向她坦白了一切，想當然我們大吵了一架，就算我沒再見過那個女孩，這件事情卻成為我們分手的導火線。

後來一年又一年踏上大甲媽祖的旅程，我已經忘了確切是哪一年走過西螺大橋的時

候，有個男孩子走在前面，我聽到他隨身攜帶的小喇叭裡，放出王傑的歌曲「一場遊戲一場夢」、「誰明浪子心」。

我跟在後面，開始輕聲唱著。我們兩個一前一後，慢慢地走過西螺大橋，回程在那華燈初上的西螺鎮，天雨微濛，涼涼的晚風吹在身上，那段與晴子的過往，早已在心裡結了厚厚的一個痂。

想起那一段剛分離的日子，我不知道聽了多少粵語歌療傷，走在這條路上突然聽到，彷彿掉入那段時間的迷霧漩渦。媽祖婆用這一段路，慢慢淬鍊我的身體，曾幾何時外在的疼痛

西螺大橋，一路向晚。

竟讓我癒合了心中的傷口，一次又一次的情緒潰堤下，再一次次的成長茁壯，不斷讓我面對自己的不足，讓我將這一段感情，埋在心底更深更深的地方，用時間與歲月緩緩沉澱這一道傷。

不遠處的補給站，一個女孩朝我走來。那女孩拿了一些素粽，分送給我前面的人，就跟平常提供補給的情景沒什麼兩樣，只是這一次，我愣愣地看著那張青澀的臉龐。

萬萬沒想到，她就是當年我在網路聊天室約砲的那個女孩，從那天之後，我再也沒有見過她，沒承想居然會在這裡相遇。我不知道她是否有認出我，畢竟當年短短幾小時的相處，就連對方叫什麼名字都不知道。現在她拿著一顆素粽遞到我的面前，我卻硬生生地收回了原本要拿的手。

她有點訝異地看著我。我默默低下頭，推著手推車快步離開，一語未發。

或許你會問我，手都伸出去了為什麼不拿？我只能說，我覺得自己像是欠了她什麼，不好意思再拿她的粽子。那一年走完遶境後，我再也沒見過那個女孩。

朋友說，或許這就是媽祖婆給的功課，或許拿了那顆素粽，會產生什麼不同的想法。但我直到現在還是沒弄明白媽祖婆到底想跟我說什麼，只是單純覺得，打從那一天之後我似乎欠了她什麼，不該再拿她的東西。如果拿了那個女孩的東西，不就跟幾年前一樣完全沒有成長嗎？

人生很奇妙，很多人會在你的生命裡留下些什麼，有的很深刻，有的只是驚鴻一瞥。可能是我的智慧不夠，也可能是我想的太多，總覺得這段路就好比人生，路上發生的所有偶然，似乎都意味著媽祖婆想警醒我什麼。

我只能如履薄冰，戰戰兢兢地走著每一段路，小心翼翼地呵護此時此刻心裡的陽光，不讓內心再度被黑暗的烏雲所籠罩。

下雨了，我跟樂爸穿上雨衣。抬頭望去，那女孩躲回補給站的鋼棚裡，有個男孩為她遞了一碗熱湯。我們跟著絡繹不絕的香客走過，那女孩朝我這裡望了一眼，我連忙壓低帽沿，跟著樂爸離開了。

也許就像歌詞中唱的：「不要談什麼分離，我不會因為這樣而哭泣，那只是昨夜的一場夢而已；不要說願不願意，我不會因為這樣而在意，那只是昨夜的一場遊戲……。」

經歷過那段年少輕狂，我學到了，成長。

媽祖婆欽點的姻緣

有很多人走大甲媽，是來求媽祖婆賜予良緣。

這些年為了求姻緣一起來走的夥伴，有好多都已經結婚生子了。如果走一年沒結果，前輩們就會說：「那就是走得還不夠，明年再來！兩年沒有，三年再來。」一般來說，精誠所至，金石為開，目前見過的至多走上個三年，大概都會有個結果，所以不得不說，不少人的確是衝著姻緣來的。

跪在鎮瀾宮媽祖婆面前，那是我與晴子分手之後的第二年。兩年以來我寫書過日子，玩重機揮霍人生，是說一百四十公里的時速雖然沒摔死我，卻也沒把我從失戀的深淵裡給拉出來。

內心就好像空了一個大洞，無邊無際的往外延伸，不管我的外表看起來多正常，只有我自己知道，每當夜深人靜的時候，面對著空蕩蕩的人生，我找不到努力的理由跟動力。那就彷彿一個無底深淵慢慢地吞食我，越掙扎陷落的越快，越想爬出來就越是往深處沉淪。就跟這一段遶境路一樣，表面上看起來不論有多輕鬆，痛苦都只有自己才知道。

這才體會到，有時候賺了再多的錢都沒有意義，哪怕是散盡所有積蓄與運氣，人生也不一定換得到一個真心的擁抱。

那段時光我曾經徘徊在溼透的台中街道上，文心路的街燈依舊，我看著手機上不斷的邀約，從這個女孩的生命中晃進下一個女孩的生命，一切的一切好像變得沒有意義，不管有多少榮耀與光環，沒有人分享，就什麼也不是。

當我匍匐著身軀，用顫抖的聲音跟媽祖婆說：「弟子沒有任何條件、要求，只求媽祖婆賜給弟子一段姻緣，一切由媽祖婆定奪，弟子一概接受。」說完之後我也不知道過了多久，那時候負責設計我小說封面的小瑩，就這麼來到我面前。

從前，我總是介意晴子不肯帶我回她家認識她的父母親，但是小瑩卻從來沒有這方面的罣礙，剛認識第一年我就認識了她的父母、兄弟姊妹一家五口。晴子的個性害羞內向，小瑩的個性大方活潑，個性完全不同的兩個女孩，我以為這是媽祖婆在跟我開玩笑。

印象最深刻的一次，是某天夜裡台北發生了有感地震。其實台中沒什麼感覺，我又是那種睡起覺來就算地裂山崩也叫不醒的類型，想當年九二一大地震，家住台中的我，幾乎快被甩到床下還是沒醒。

然而那一天不知道為什麼，我三更半夜從床上爬起來上廁所後睡不著，反射性地打開了電腦螢幕，看到小瑩用通訊軟體敲我，跟我說台北有地震，我感覺她很害怕。就這樣，我們在線上聊到窗外升起第一道曙光。

針對這件事情，我總笑說是媽祖婆的旨意，然後問小瑩為什麼那一天在還沒交往的狀態下會選擇敲我？畢竟雙子座的她朋友很多，應該不缺我一個異性朋友才對。

小瑩跟我說，其實那一天她也不是特別想敲我，是因為半夜被地震搖醒，想看看有誰在線上，找個人聊聊天轉移注意力，沒想到就看見我在線上才敲過來，更沒想到的是，我居然回了。

我聽得一頭霧水，因為我根本在睡覺，怎麼可能在線上？她斬釘截鐵地說就是看到我在線上，不然好友欄也不會跳出來。這個奇妙的插曲，成了我們之間至今無解的懸案。

記得跟晴子還在一起的那一年，也就是我遶境失敗的第一年，我老是問她：「如果有一天我能夠完成這九天八夜，妳會不會到鎮瀾宮等我？」

晴子斬釘截鐵地說她不會，原因是她知道這一段路太苦了，她沒有辦法看著心愛的男朋友，蓬頭垢面、渾身傷痛的朝她走來。

我笑著點頭，我知道她就是一個這樣的人。還記得當兵的時候，懇親假前一晚，我坐

在床沿邊縫著自己的釦子，就為了光鮮亮麗，乾淨整齊地去見她，我不想讓她看到我的辛苦而為我掉淚。

所以當晴子說不會來等我的時候，即便心情感到失落，同時也完全能夠理解她的想法。那時我總是跟自己說，不來也好，不然一看到她出現，恐怕會忍不住讓情緒潰堤。

歷經情傷走到第三年，偏偏小瑩就這麼等在鎮瀾宮外面，彷彿在我的心上狠狠地重擊了一拳。我不是沒想過她會出現在這裡，但是我真的不知道該怎麼形容那種心情，就連我自己都沒有這樣等過任何人，與其煩惱要怎麼面對，不如乾脆不要去想。

更何況我非常明白，沒有告訴我就要來等我，這是一件多麼不容易的事情。試想九天八夜的路程，連我自己都不知道什麼時候可以走到鎮瀾宮，她如果要等我，必須在第八天早上就搭火車到大甲，並且一直在廟埕前面候著。

也許我進廟沒看見她，根本就不知道她來了，下馬拜完就會自己離開。而她也無法預計我到底什麼時候會進大甲，畢竟一小段路就能讓我走上個四、五個小時。我走多久，她需要等的時間就是多久。

更不要說大甲媽祖回鑾這一天，根本訂不到台鐵車票，她必須在壅擠的車廂內從台北站到大甲，生理上的辛勞姑且不說，一路上擔憂、害怕等不到我的心理壓力，更是讓我心疼到了極點。

或許你會說，在這麼便利的時代，幹嘛不用手機聯絡就好了。但我們在遶境途中，為了怕緊急要聯絡時手機沒電，也為了好好體驗這段旅程，所以大多是處於關機的狀態，只有我們能夠聯絡人，很少有人能夠抓住剛好開機的空檔連絡我們。

當然就更別提網路了，智慧型手機最耗電的就是網路系統，因此我也不開網路。反正這九天八夜就是一段完全拋開俗事，徹底沉澱心靈的旅途，不過這反而成了當我們一上路就很難聯繫的主因。

當她在廟埕迎向我而來的時候，我看著她的笑容，一句話都說不出來。我總是跟她說不用來等我，其實說穿了是我在催眠自己，因為我害怕她如果說她會來，那我就會有期待，在這九天八夜當中期待會如影隨形的跟著我。假如最後我沒有在這裡看到她，我怕我的情緒會受不了潰堤，所以我總是跟她說不用來，這麼一來要是她真的沒有出現，至少我沒抱期待，就不會有傷害。

不是不希望她來，是不敢希望她來。一直以來沒自

每一年出發小瑩都會為我準備兩條士力架當作存糧。

信的都是我，與其讓自己到時候失望，不如在一開始就扼殺掉這種想法，所以我總是跟她說不用來。然而當她走向我的時候，我內心是真的感謝她，因為她扎扎實實地把我從那個無底深淵給撈出來。

或許我這個寫小說的，對於那些莫名其妙的愛情故事特別有感覺，如果呼應前面和尚告訴男人的那個故事，我希望我就是小瑩生命中的第三個人，我們都在尋覓著讓自己心甘情願入土為安的對象。

再補充一個奇妙的故事，如果女孩子的臉上有顆淚痣，那就表示上輩子在妳過世的時候，有個男孩抱著妳哭，並且將眼淚滴在妳的臉上。男孩的眼淚化成了痣，為的是來世方便彼此相認。

是的，在小瑩的眼角有一顆淚痣，那也是我看到她時，第一個注意到的地方。在一起之後的我們打打鬧

2018 年，每一年都來這裡等我的小瑩。
（攝影：王家興）

鬧，我總是跟她說，上輩子我在她死的時候抱著她哭，所以她的眼角有一滴淚痣，以便這一世我們相認。

她問我：「那上輩子為什麼你會抱著我哭？」我說：「那還用問，上輩子妳肯定是我養的小狗，所以死掉的時候我就抱著妳哭啊。」語畢，她賞了我一拳，我們笑鬧如常。

從此之後，只要我跟隨大甲媽祖遶境，即便我還是每次都告訴她不用來，她也每一年都說她不會來，但是我們還是很有默契地年年在鎮瀾宮「巧遇」。

人家都說江山易改本性難移，其實我某種程度上還是依舊不信邪，所以有一年我就很鐵齒的問媽祖婆：「當年我請您賜給我一段姻緣，那現在這一段緣分是您欽點的嗎？」

接著，我把紅紅的筊杯往地上一扔。

現在……

小瑩已經成為我的妻子了。

我學到了，珍惜。

第三章

這條路，給我的啟發

人生的痛苦都是一樣的，不同的是你怎麼去面對痛苦而已。

大甲媽祖徒步遶境，我參與了七年，完成了六年。阿伯帶我走的那一年，是我啟發最大的一年，每當我撐不住，或者有任何藉口的時候都會去想，阿伯七十二歲走了二十九年，路上多少孤單、痛苦，他都笑著走過來了，甚至在路上幫助的人不計其數，除非我已經七老八十，否則有什麼理由放棄。

這條百年香路，一直有人加入、有人退出，它始終都在那裡。每個人上路要面對的痛苦都是一樣的，多走了幾年只是比別人多一點經驗，更重要的是能夠把這一切傳承下去，或是在這之中學到了些什麼，就好比多了可以幫助人的能力，領教到施比受更有福。

這一段路就像座山，數百年過去一代人換過一代，它仍然屹立在那裡；參與的人就像水，有人今年來明年去，能從中學習體驗的東西，卻是無窮無盡。

信不信由你，但做人最好不要鐵齒 1

走這一段路畢竟牽涉到宗教信仰，很多人都喜歡問，走了這麼多年，有沒有遇到什麼神蹟？

我必須說，神蹟沒有，但是巧合的事情碰到、聽到不少，而且更多的是只能意會不能言傳的故事。畢竟這一段路把人的身心狀態逼到了一種極限，所以很多奇奇怪怪的想法與偏見都會冒出來，尤其是對很多第一次踏上這段路的人來說，都和當初桀驁不馴的我有類似的想法，覺得不就是走路嗎，到底有什麼困難。

記得有一次，一位友人臨時插團，在我們快要出發的時候跑來說，希望可以跟我們一起到彰化。我們一向是來者不拒，只要能準時跟我們一起出發，路上能夠盡量把持住節奏就好，並不會特別拒人於千里之外，所以他就這樣跟著我們上路了。

我們一路從大甲出發，穿過了龍井、追分、王田都相安無事，大家頂多也就是唉個兩聲，然後站起來拉拉筋、扭扭腰就咬牙繼續往前走。過了王田之後，時間差不多到了早上

六、七點，熱情的彰化人紛紛醒來，扶老攜幼的出來迎接媽祖婆大轎。

就在這個時候，我們來到了考驗新手的茄苳王公廟，那是一個V字型的髮夾彎，遶境路上許多人在這個地方都會選擇直接走台一線進南瑤宮，但我們說好了跟著媽祖婆遶境，當然要乖乖地繞路進茄苳王公廟。

針對這一點，我們早有打過預防針，因此那位臨時加入的友人也沒有意見，只是當他看到大道旁的一條小岔路，路的另一頭許多香客絡繹不絕。

友人好奇地問：「為什麼那邊也有隨香客？」

我跟這位友人說，因為我們走到前面之後，要拐個彎從國聖路再折回來往王公廟前進。結果友人指著小路就說：「既然這樣，那為什麼我們不從這裡直接穿過去就好，還要特地走到前面然後才折返回來，這裡不就是一條捷徑嗎？」

我跟樂爸無言的苦笑，跟他解釋為什麼不能走，道理很簡單，因為媽祖的大轎是不走這種小路的。

但是友人卻說：「這一條路穿過去少說省了半個小時，反正又沒有人看到，為什麼不走？」我跟樂爸表示說如果他想走，那他可以穿過這條捷徑在前面等我們，我們還是必須乖乖地去前面做折返。這位友人毫不客氣，直接穿過了捷徑，繞到前面去坐在路旁的樹蔭下吹風納涼，待我跟樂爸規規矩矩折返後會合。

他笑著對我們說，就這樣穿過來，他快了我們將近半個小時，已經在這裡休息充足，體力恢復可以繼續往前走了，實在搞不懂為什麼我們要特地去繞這麼一段，而且又沒有人看到。

我與樂爸還是沉默不答，我們有我們的堅持，不管是被笑憨人還是傻子，媽祖婆大轎不走小路，我們雖然沒有跟在大轎旁邊，自然也不能走捷徑小路。

後來到了國聖里永安宮大約是接近中午時分，我們一行人拜拜完，卸下了裝備開始用餐。那一年永安宮綁了甜品「紅豆粳粽」招待隨香客，我們一行人拖著痠痛的身體，

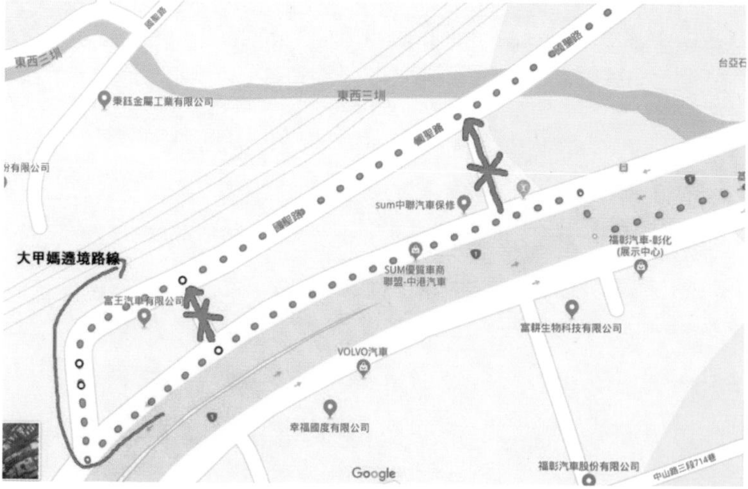

從台1線折往國聖路，兩條打叉的捷徑都不是遶境路線。

擠進人群一人拿了一顆，然後找了旁邊一塊乾淨的地坐下。

拆掉竹葉，一口咬下。

結果，那一位走了捷徑的友人的紅豆粳粽裡面，沒有紅豆。大家看著他的粽子全傻了，他的就是糯米粳粽，裡面一顆紅豆都沒有，我們手上的粽子，全都有飽滿的紅豆餡。

大家面面相覷，然後看著那一位友人，他不死心地把整顆粳粽狼吞虎嚥吃完，裡面確實一顆紅豆都沒有。我們拍拍他的肩膀，並且告訴他，走了這一段捷徑誰說沒有人看見，媽祖婆都有看見。

友人吃完了粳粽後彷彿被嚇到了，連忙走進廟裡，虔誠地補上了三炷香，並且

往永安宮的路上。（攝影：王家興）

誠心誠意地跟玄天上帝以及媽祖婆道歉。

這要說巧合是巧合，要說神蹟也是神蹟，說不定那一籠粳粽裡面有很多沒包到紅豆餡的，偏偏就這麼剛好，我們這一團每一個人都有紅豆餡，就只有他沒有。

一顆粽子裡有沒有紅豆，其實也不算是什麼懲罰或者獎賞，只是冥冥之中，就好像媽祖婆在跟他說，要選擇走那一小段捷徑是他的自由意志，但是並不是沒有人知道。

我學到了，人在做天在看。

信不信由你，但做人最好不要鐵齒2

在這段路上所見所聞很多，寫出來的大部分都是我的親身經歷，但是有一個故事，是讓我最有感觸也印象最深刻的。

前面也有提到，很多人都說大甲媽很「兇」。這個兇的意思，不是說媽祖婆恰北北，像周星馳電影裡的包租婆那樣有著大嗓門，而是指媽祖婆很嚴厲的意思。

我這麼解釋，同行很多人也曾問過我，那怎麼樣又叫做嚴厲？說到底媽祖婆就是坐在鎮瀾宮裡面，就算出巡遶境也是坐在轎子裡，祂也從來沒跟你說過任何一句話，為什麼會嚴厲？

我也曾經有過這個疑問，不過六年身體力行下來，我漸漸認同媽祖婆很嚴厲這個說法，或者應該說，如果有人問大甲媽跟其他宮廟的媽祖有什麼不一樣，我絕對不會去回答什麼四人轎、八人轎、軟身、硬身，這些所謂學術資料可以研究出來的區別。

針對嚴厲這件事情，我曾聽過一個老前輩說了這麼一個故事。

老前輩說他曾經得了一種病，導致血壓過高，請原諒我的記憶力不好，醫學知識匱乏，忘記他當時說的病症是什麼。總之他說早些年在資訊還不發達的年代，有人跟他說，吃「半天筍」可以治療他血壓過高的狀況。

人有生老病死都是不可抵抗的，尤其對於飽受疾病之苦的人來說，常常不管人家說有什麼偏方都願意一試。只不過就算願意嘗試，也必須要找到那種東西才有辦法，老前輩非常不解，直問半天筍到底是什麼東西，筍子的生成都是長在土裡，哪有筍子長在天上。

老前輩到處詢問，周遭卻沒人知道什麼叫做半天筍。後來實在沒辦法，他開始把希望寄託在求神問卜上面，也開始走遍全台灣大小廟宇去問，但始終一無所獲。

最後老前輩想說大甲媽祖出巡遶境九天八夜，可以遇到的人一定很多，可以聽到的事情也一定很豐富，索性就到鎮瀾宮跟媽祖婆許了一個願，問媽祖婆如果他跟著一起去遶境，是不是就可以問到半天筍的蹤跡，哪知道媽祖婆允了聖筊。

老前輩一看到是聖筊如久旱逢甘霖，又連續問了好幾個關於半天筍的問題，通通都是聖筊。老前輩笑著跟我說，總結來說就是媽祖婆表示，如果他來走這九天八夜，就可以拿到半天筍。就這樣，老前輩踏上了九天八夜之旅。

我問老前輩，結果他真的有拿到半天筍嗎？

老前輩說，他上路之後逢人就問，有沒有人聽過或看過半天筍，但均無所獲。就這樣走著走著，三天過去，老前輩參加了媽祖婆的祝壽大典，開始回程。

從新港走到西螺、從西螺走到彰化。九天八夜過去了整整七天，路上還是沒有任何一個人知道究竟什麼是半天筍，或者在什麼地方有。

最後在第八天的路上，從彰化要回清水，老前輩實在是心如死灰，身體的疲憊也到了極限，便隨緣探問不再積極強求。

他坐在一家檳榔攤外面休息，漂亮的檳榔西施走出來拿了水給老前輩，他苦笑著問那個檳榔西施說：「小姐，妳有聽過半天筍嗎？」檳榔西施只是笑著跟老前輩搖頭。

哪知道就在這時候，坐在旁邊的一個大叔說：「半天筍就是檳榔心啊。」

此話一出，老前輩馬上轉過去看著翹著二郎腿嚼著檳榔的大叔，急迫熱切地問：「檳榔心是什麼？」

大叔笑著點頭，然後表示自己是這家檳榔攤的老闆。所謂半天筍，就是檳榔樹最末端長在最高地方的那一小段，切下來之後撥開裡面就像竹筍，因為它長在高高的檳榔樹上，因此被稱為半天筍。

老前輩恍然大悟，對大叔千萬道謝，然後說出了自己的故事，並且問他哪裡可以買到這東西。

大叔跟老前輩說，這東西其實不太常見，有時頂多就是拿來炒炒肉絲什麼的，因為有人認為口感不及幼竹筍，所以經濟價值不高，很多餐廳不會特別有這麼一項菜餚，臨時想找賣家不易。

再加上檳榔樹是高經濟價值的作物，除非遇到天災什麼的自然毀損，不然農民不太可能主動把檳榔樹的末段砍下來保存，特別想找真的不容易，不過如果大叔要，他的檳榔攤剛好有三根可以給他。

話一說完，大叔就叫檳榔西施把那三根半天筍抱出來。老前輩抱著那三根半天筍，對檳榔攤老闆千恩萬謝，大叔一頭霧水的跟老前輩說不客氣，因為這東西他們不是問餐廳有沒有要收，不然就是丟掉，也不知道為什麼這一次這三根就一直沒有處理。原本是想說大甲媽祖遶境會從這裡經過，人潮很多垃圾處理起來不方便，所以就先留著，等媽祖婆過去之後再一起扔掉。

老前輩本來要給檳榔攤老闆錢，但是老闆說不用，因為留著也沒有用，他從來都不知道原來有人等著這東西救命。這個緣分算是媽祖婆牽的線，不用錢。

老前輩就這樣抱著那三根半天筍走了。

後來老前輩跟我說，原先這一路上到處一直問不到，他不只一次灰心的想過不走了要回家。但是又想起媽祖婆的聖筊，擺明了就是告訴他，只要九天八夜走的完，就一定能夠找到半天筍。

所以即使老前輩的身體從痛苦到麻痺，他都想說不管怎麼樣，既然說了要走九天八夜，就要乖乖走完。

換個角度想，如果在一出發時就讓他拿到那三根半天筍，這九天八夜的行程風吹雨打，他也不敢保證還能夠完好如初地帶回那三根筍子。

在最後一天讓他拿到，一來是考驗他的決心，二來也是幫他保存一路上要顧著半天筍的氣力。

說到這裡，老前輩看著我的遶境旗。他說，那時候三根半天筍就跟我們的遶境旗一樣，對某些人來說其實不值半毛錢，但是對某些人來說，卻是這一段路上最珍貴的財寶，是用錢都換不到的東西。

紅圈圍住部位即為半天筍。

從那一年之後，老前輩每年都來走這九天八夜，然後每每到了那個檳榔攤，老闆也都會準備幾根今年收集到的半天筍讓他帶走。

我學到了，真心付出必有回報。

信不信由你，但必須常懷感恩之心1

有求必應到底是什麼感覺？親自來走一趟就知道了。

常聽前輩說：「在這一段路上如果有什麼過不去的，跟媽祖婆說就對了。」意思是不論各式各樣的疑難雜症，都可以跟媽祖婆許願，我們總覺得，媽祖婆除了不能送現金到我們面前之外，幾乎是無所不能。

覺得走不下去，請媽祖婆多賜給我勇氣與力量。媽祖婆就會把勇氣灌輸到我身體裡面，使我再度湧現力量。

覺得腰痛，前進不了。媽祖婆就會暫時讓我的腰麻痺不痛。

覺得肚子痛，大喊媽祖婆。就會發現轉角處就有一間便利超商或宮廟，讓我能夠直衝廁所解放。

印象最深的是，有一次我們一行人回到彰化慈元寺，幾乎可以說就是快要到家了，大家的心情格外輕鬆。反正一路上說說笑笑，有路人走到一半加入我們，也有因為工作繁忙提早離開的，反正大家的目的地都一樣，聊得來就多走一段，聊不來就找個藉口散了，彼此也不用尷尬。

那一天，樂爸與一位聊得頗為投緣的年輕人，從進彰化白沙坑開始，就一路吃吃喝喝還拿了很多存糧，我看他們是打算到彰化縣議會休息的時候，可以把存糧拿出來吃。

他們走在我前面，我一路看這兩個人拿夠了存糧，取了自己所需之後就對其他物資一概拒絕。那一年的天氣比較冷，除非是碰到有人煮熱飲出來，不然我們很少勉強自己去多吃一口，多飲一瓢。

而樂爸在拒絕了很多人之後，就笑著對大家說，除非等一下有人拿「熱咖啡」出來，不然他決定到議會休息之前都不再拿東西啦。

就我們這些年的經驗，慈元寺附近是不可能會有熱咖啡的，樂爸大概也是走出了心得，所以開了一個不可能出現的菜單，想藉此表示他絕對不再拿食物的決心。

彰化慈元寺的一樓是委員會休息所，主神供奉在二樓。我們拖著疲憊的兩條腿緩緩走上去，拜完了之後又亦步亦趨的走下來。

結果沒想到，一走出慈元寺前面的小巷子，對街一個阿婆捧著一個鐵盆，鐵盆裡裝滿熱水，熱水裡溫著一罐又一罐的伯朗咖啡，她看了左右馬路沒車，直接就朝我們走過來。這還不打緊，阿婆的目標明確，對準了樂爸就把鐵盆推過去，然後笑著對我們說：「天氣冷，喝個熱咖啡。」

樂爸看著阿婆盆裡的熱咖啡，臉上哭笑不得，乖乖拿了一罐。我們每一個人也不敢拒絕阿婆，乖乖地一人拿了一罐，為了怕放久了不熱會辜負阿婆一番心意，所以我們當場就打開喝的乾乾淨淨。

阿婆看我們通通喝完，臉上露出笑容，心滿意足地幫我們回收罐子，然後為我們打氣加油。

熱情的彰化人，熱情的台灣人。看著阿婆離去的背影，大家看著樂爸笑說：「還想要喝什麼吃什麼，儘管點，媽祖婆都有聽到。」

那一年之後，樂爸每到這裡總小心翼翼不敢亂說話，格外虔誠。也從那一年之後，我們再也沒遇見過這位端熱咖啡出來的阿婆。

我學到了，謹言慎行。

信不信由你，但必須常懷感恩之心2

二〇一七那一年是樂爸第一次捨棄單車，改用手推車。

在那之前樂爸都是牽著單車跟我一起走，畢竟路上如果樂爸需要多休息，我們就會先走讓樂爸原地睡覺，之後他再騎單車追上來就好。如果走錯路，他也可以騎到附近去繞繞，看看哪邊是正確的路線，有點像是斥候兵的概念，非常方便。

後來因為他跟媽祖婆許了願，變成必須全程徒步，第一年他還是跟往年一樣牽著單車，只是沒有騎。他說，這樣走下來他發現實在太累了，畢竟單車的設計是讓人騎的，用手去牽實在是不符合人體工學，不僅身體要一直歪一邊，還要隨時注意不要壓到小石頭，龍頭可能會歪掉導致倒車，如果碰上熱情的信徒硬要塞食物給他補給，他不僅無法拒絕，而且單車還很容易失去平衡。

所以第二年樂爸就改用手推車，家中兩台手推車都是他的傑作，理所當然的，這一路上如果有什麼手推車的維修問題，就落在樂爸身上。

第六年當我們回程走到彰化永靖的時候，樂爸的手推車的前輪出現了異音，開始變得有點難以控制，但由於我們大部分選在深夜、凌晨前進，行走時五金行都是不會開門的。再說那是我們兩台車子第一次一起出動，自然也就沒想到要帶備用輪的問題。

後來一路走到永靖鄉大約是清晨六點，手推車的狀況真的是非常糟糕，甚至已經到了無法繼續行走的狀態。我們父子倆一籌莫展的看著將亮不亮的天空，這種時候哪裡有五金行開著，就算找到了也沒有用，大甲媽祖不會因為我們的車子壞掉就停下來等我們。車子的狀況不佳，讓第一次自己做手推車上路的樂爸傷透腦筋。

沒想到就在這時候，永靖鄉永安宮外的一間五金行居然拉起了鐵門，老闆娘從店裡走了出來，我跟樂爸簡直像看到滄海中的燈塔，馬上把車子推過去，並且詢問是否有賣手推車用的輪子。老闆娘訝異地看著我們，然後點點頭表示她有販售，並且願意將工具出借給我們。

樂爸趕快把輪子換好，並且多買了一顆當作備用輪，等到一切完工之後，樂爸放鬆了心情，好奇地問老闆娘：「哪有五金行會清晨六點開門，怎麼老闆娘這麼早起做生意？」

沒想到老闆娘跟我們說：「我也不知道，今天就想說大甲媽祖遶境要來這邊，睡不著所以就早一點起來開門，也怕說路上有信徒需要五金行的工具，沒想到才一開門就看到你們找上門。」

我跟樂爸聽完呆若木雞，誠心誠意地走進永安宮感謝三山國王還有媽祖婆的幫忙。

或許這只是機緣巧合，也或許是我們太過迷信，總之永靖鄉這一段路我走了整整六年，每一年到這裡的時間都差不多，大約都是清晨六點或者六點半左右。

然而那間五金行這麼早開門，是這些年來的唯一一次。也從那一次之後，我跟樂爸都會記得多帶一顆備用輪。

這段路上類似的事情很多，我們往往戲稱這是媽祖婆在幫忙，其實我們都知道，開門的是老闆娘，修好輪子的是樂爸，那顆輪子買了一百多塊，說到底媽祖婆的大轎甚至還在好幾公里外。

到底是天助還是巧合，沒人說的準，彷彿冥冥之中，有一雙慈祥的眼睛看著我們。與樂爸在永安宮吃完早餐，頭旗也到了，人聲鼎沸的一天又開始熱鬧起來，我們父子倆連忙推車繼續上路。

還是那一句話，信則有、不信則無，心誠則靈。

我學到了，感恩。

憤怒教會我的事

回程有一段路，實在是讓我備受考驗。但就是這個遶，讓人備受考驗與折磨。

遶境，就是要去遶，而不是直路從大甲走到嘉義再走回大甲。但就是這個遶，讓人備受考驗與折磨。

我至今仍不敢說，這九天八夜每一間宮廟我全都有走到，哪怕是走了這麼多年，還是沒有哪一年能夠完整把每一間宮廟都走完。

有的宮廟，騎車進去再出來可能不過短短五分鐘，但是我們拖著這種身體要走進去再走出來，往往要花上一至兩小時不等。

不誇張的說，Google map 上寫的徒步時間，對我們來說完全不適用。因為那個時間，是以一個健康的人徒步的速度去計算，而我們這幾天走下來，兩腿的狀況根本一點都不健康，所以每次打開手機估算時間，大概就還要加上一倍以上，才是我們真正可以走完的時間。

回程原本應該是比較輕鬆的旅程，但是記得樂爸徒步的第一年，我們曾發生過一個衝突，那就是田尾公路花園的那一大段路，到底要不要進去繞。

從田尾公路花園的四面佛入口進去開始，到最後一站田尾朝天宮出來，以我們的狀態，大概需要花掉三至四小時不等，如果不進去，走直線一樣到田尾朝天宮，差不多只要一小時就可以了。

我自己的第一年，因為實在太過疲累不斷耽誤行程，所以阿伯沒有帶我走這一段，也就讓我之後的幾年，都習慣不走田尾公路花園，裡面六座廟宇一直是被我假裝遺忘的所在。

這些年來我一直抱持著逃避的心態，一來是阿伯一開始就沒有帶，二來是我從來沒有發願說要徒步跟大甲媽祖遶境幾年，因此對我來說，進去繞這一段可有可無，就算真的沒有走，那種罪惡感也不會

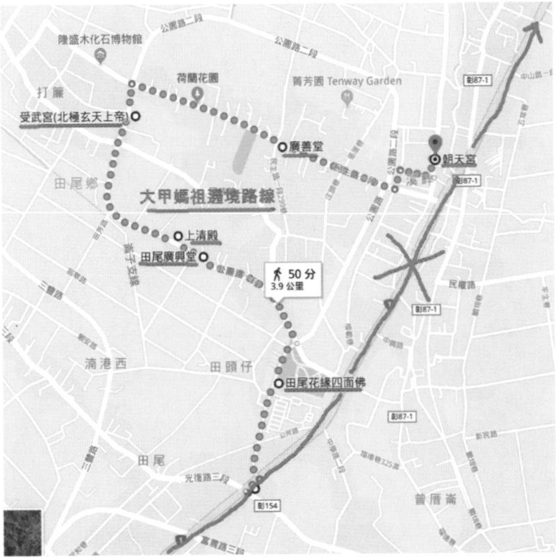

田尾公路花園是回程路上很大的考驗。

太過強烈。

偏偏第四年開始，樂爸是要來還願的。這樣一來，到底田尾公路花園走不走，就成了我們父子倆最大的矛盾點。雖然我覺得不用，但是樂爸覺得他既然是來還願的，自古以來田尾公路花園就是需要進去的遶境路線，當然要走。

那一年走到田尾公路花園的時候，正好下起大雨。我臭著臉，跟樂爸說這裡就是不用進來，樂爸還是堅持著，他甚至告訴我，如果我真的不想走，可以自己到前面去等，他就是要進去走這一段路。我實在拗不過他的牛脾氣，萬般無奈之下，只好跟著他一起走這一大圈。

一路上我一直繃著臉，悶不吭聲地走在前面，憤怒的情緒使我感覺不到其他一切，只是努力拖著兩條腿打算把這一段路走完。

當時要是問我到底體驗、學習到什麼，我會倔強的說：「沒有，除了累之外，什麼都沒學到。」

滂沱大雨，打的我們措手不及。

走出去之後怎麼氣消的我也忘記了，反正那一天的傾盆大雨，打的我憋了一肚子氣。

樂爸走第二年時，我們又來到這裡。也不知道是因為去年走過的關係還是感覺認命了，我這一次走進田尾公路花園沒什麼抱怨，只是走馬看花，把第一年因為下雨及憤怒而沒看到的風景給補看回來。

路旁一攤賣咖啡的大媽，一攤賣牛軋餅的年輕人，四、五個小孩子圍繞在他們身旁，也不知道是不是繞進來田尾的人比較少，所以他們看到我與樂爸靠近，就熱情地招呼我們。雖然習慣說路旁的攤販是「賣」一，但其

華燈初上的路樹，心靜品味美景。

實他們一毛錢也沒收，嚴格說起來算是一種布施吧。

我們坐下來休息、喝了一杯熱咖啡、吃一塊牛軋餅。感受著晚風微涼，蟲鳴鳥叫，小孩子的嬉鬧聲，公園裡大叔、大嬸們聊著天。

華燈初上，想想去年來到這裡，我的心被憤怒遮蔽，哪有心思去看看這些。三三兩兩的隨香客走來，大家的步調緩慢，悠揚的音樂從年輕夫妻的餐車裡傳來，赫然發現在這九天八夜裡，這一段路是少數環境悠閒、花香撲鼻的美景。

這些感覺在我的盛怒之下，根本什麼都察覺不到。只有像現在慢下腳步、寧心靜氣，才能品味到咖啡香、牛軋餅的濃郁，也才能感受到這一段鑼鼓喧天、煙花四射的遶境路上難得的靜謐。

我學到了，靜下心。

勇腳與遷就

李先生有一輛特製的推車，我想聊聊他的故事。

其實路上很多人都有手推車，每個人的推車不盡相同，但是功能大致都差不多。防雨、能動是最基本要求，原本林祥雄阿伯做手推車，初衷是裡面要裝一些髒衣服，所以手推車也就用一些廢鐵綁一綁製作完成，萬一被推走了也不會心疼。

但是很多前輩因為遶境的時間長了，就開始有各種變化，例如說有人加裝了陽傘，有人加裝了剎車等等。而李先生

加裝陽傘的手推車，僅示意圖，非故事當事人。（攝影：王家興）

的推車就是專程請人特製的，把手特別長，在推的時候可以有多種變化，因應長期不動的姿勢可以有所伸展，手部肌肉比較不會僵化。

記得在我徒步的第四年，李先生帶了一團婆婆媽媽一起遶境。

李先生一直是一名勇腳，徒步十多年從不退縮，甚至常帶朋友完成這段遶境之旅。但是這一次，是他第一次一口氣帶了這麼多人。

平常我們在徒步的過程，如果剛好遇到認識的友人，大家腳程差不多就會一起前進，不過路途中彼此不會互相等待，每當進廟參拜，如果有人想多休息一下，其他人就會先走，這是基於每個人節奏上的不同，彼此尊重互不影響。我們都跟一起走的朋友說，除非是特別需要人帶領，否則我們的態度都是盡量處於放牛吃草的隨緣狀態。

記得那年回程的路上，在明道大學附近看到李先生，他的表情非常不對勁，一副臉色慘白的痛苦樣子，一點都不像平常健步如飛的他。

其實走到明道大學的路程是這九天裡面最輕鬆的，一般來說這一天是我們最能休息到的，可是他卻一點都看不出來有輕鬆的模樣。

這一天只需要從西螺走到埤頭，算是這些天裡最短的路程，所以在這一天裡面，我們會盡早走到埤頭合興宮，然後進入北斗奠安宮，接著自己找地方休息。聽老一輩的說，因為以前某一年，鎮瀾宮廟方跟西螺福興宮廟方有點誤會，結果福興宮廟方臨時不接鎮瀾宮的大轎。

鎮瀾宮只好臨時找別的路線駐駕，那距離比較近的就是北斗，奠安宮非常歡迎大甲媽，但是有一個條件，就是接駕安排工作人員食、宿等都沒有問題，但若是以後西螺跟大甲的誤會解開了，希望鎮瀾宮還是都要在北斗駐駕一天。當時廟方答應了，所以之後每一年媽祖回鑾走到北斗這裡，都會按照當年的約定駐駕一日。

後來西螺跟大甲的誤會解開了，自然就還是按照古早路線遶境，只不過大甲媽祖會在北斗這邊多停一日。因此這一天隨香客可以有一個比較輕鬆的行程，早一點到北斗，然後在北斗

北斗國小旁沐浴車的英姿。

西螺太平媽到埤頭，正常步行約4小時。

國小旁邊找沐浴車，洗好澡就好好的休息一下。

話說回來，滿臉痛苦的李先生仍舊拖著蹣跚的步伐前進。我跟樂爸追上李先生的隊伍，就看一左一右兩個女人搭著他那特製手推車的長長握把，三個人三種步伐，互相牽制前進的速度。

看這兩個女人的腳步，幾乎已經是到了無法前進的狀態，一步一行要不是李先生的推車拉著她們往前走，大概十有八九需要搭接駁車才能前進了。

樂爸靠過去，看李先生的表情似乎是無可奈何，畢竟這是他自己揪起來的團，他們都是朋友，旁人也實在不好意思多說什麼，因此樂爸故意開玩笑說：「啊你們三個推這台手推車，這樣有比較快嗎？」

李先生還沒說話，那兩個女人卻異口同聲的表示，她們是看李先生一個人推，還幫忙載行李實在太過辛苦，所以幫李先生一起分擔。話雖說的漂亮，但是其實我跟樂爸心裡都很清楚，如果不是李先生推著那輛推車一起往前走，這兩位女士應該沒有繼續前進下去的動力。

我與樂爸跟在他們身後走了一陣，看著李先生原本每次說到徒步遶境都意氣風發的身影，此刻卻顯得格外蹣跚。再這麼下去，別說兩位女士了，可能連李先生自己都無法完成這段旅程。

三人的背影讓我想到了自己的人生，在社會上多少人裹著糖衣，或者用漂亮說法包裝著自己空乏的生命，然而我們卻無法拒絕與排斥，有人說這是一種情緒勒索，就像愛默生說：「你的善良必須有點鋒芒，否則等於零。」

我常覺得自己是一個冷漠的人，拒絕別人對我來說從來不是難事，但是這段路走久了，漸漸地發現原來我也有溫暖的一面。然而這段路上有許多人跟我不同，他們本來就是溫暖、善良的，有時卻因為這份溫暖與善良，而讓自己陷入進退兩難的局面。

我只能說在這段路上學到太多，從我的角度去看別人，漸漸理解原來冷漠也是一種學習，拒絕也是一種成長，自己總以為

即便只是坐在路邊休息，也能學到些什麼。（攝影：王家興）

的理所當然，在別人的生命中卻不一定是這樣。

後來聽李先生的兒子說，跟我們分開之後，李先生在北斗重感冒，最後讓接駁車直接載走，他的那一團也就樹倒猢猻散，通通坐接駁車提早回到大甲。我在番薯攤看到休息過後痊癒的李先生，他調侃自己說走了十多年第一次沒走完全程，一次帶太多人實在是太自不量力，明年不敢了。

看著他的笑容，我發現原來冷漠也需要學習，原來過與不及，都是一種不足。

我學到了，取捨。

帶朋友一起走的遶境路

因為旅途長路漫漫，再加上我們都要走在大轎前面，所以儘管路上有鎮瀾宮的指示牌，很多人還是常把自己給走丟。

如果沒有人帶，在步行的節奏、休息的時間點都不確定的狀態下，難免焦慮、慌張。所以不論是剛開始啟程也好，從半路上也罷，很多人會直接跟著我們一起走。考慮到我們推著手推車，只要節奏大家可以配合得上，自然是很樂意幫忙帶著走一段路。

但就是這個「節奏」要能配合得上，是一件很難控制的事情。就好比某一年，幾位常一起走的夥伴有一位陳先生，他一開始也是跟著別人的節奏，結果走了兩年之後就自己帶朋友，一起來參與這場九天八夜的盛會。

然而，他的那位朋友因為住得比較遠，在我們要出發時遲到，大夥為了不被大轎啟程時的壅擠給壓縮步行節奏，所以只好先行出發，留下陳先生等候他的朋友。

只是既然出發了，大家的腳程差不多，休息的節奏也就差不多。結果那兩天陳先生與

他的友人就一路被大轎給壓著走，兩天下來他從來沒能追上我們，原本步行的節奏也變得亂七八糟。

一直到第三天，我們從西螺太平媽的福興宮出發，往南走了約莫一小時到雲林新天宮時，大雨滂沱、滿地泥濘，新天宮廟方搭起了遮雨棚，端出熱騰騰的素齋，廣邀隨香客入內參拜、用餐。

我們看到陳先生與他的友人從遠處緩緩走來，他的友人揹著背包滿臉痛苦，走路一跛一跛，前進速度就跟一路上那些快要走不下去的隨香客一樣。

我跟樂爸都知道，那位友人應該是不可能完成這趟旅程了，因為這樣的速度跟休息節奏，身後還揹著一個大背包，被大轎追過是遲早的事。等到路旁補給通通收起來，連喝一口水都必須要自己找便利商店的時候，更是會徹底磨光意志力。

我們問陳先生，為什麼不幫他載背包？陳先生無奈地說，他的這位友人非常堅持，而且有著超人般的意志力，認為是男人就要揹著背包走完全程。那一瞬間，我彷彿看到了失敗的第一年，那個不知天高地厚的自己。

大雨打在遮雨棚上，吵雜紛亂，我們幾乎要用吼的才能聽到對方說什麼。樂爸無奈地建議陳先生，如果要一起走，他的朋友一定要去坐接駁車。不是我們不讓他跟的問題，而是他的速度節奏和我們不一樣，一旦我們大家配合他，那被大轎追上就是遲早的事情。

陳先生嘆著氣告訴樂爸，這一路上他不知道勸過他這位朋友多少次，但是朋友就是非常堅持，一定要揹著背包，至少完成前三天走到新港奉天宮。我與樂爸無奈地看著滂沱大雨，最終還是帶著陳先生的友人一起上路了。

一路上他因為狀況實在不好而不斷脫隊，我們拉長了在每一間宮廟休息的時間，但也怕他覺得拖累了我們，所以幾個人一路上從不催促，只是假裝聊得忘我，默默看著後面的鞭炮煙火越追越近。

尤其是要進擇元堂前的那段路，是一盞路燈都沒有的田間小路，清楚可見煙火放到哪裡，表示媽祖婆的大轎來到哪裡。走到半夜三、四點，幾乎再也沒有休息的與陣頭一起迎接媽祖的大轎。

陳先生自製的地表最神・大甲媽戰鬥車。

三國演義第四十回，火燒新野城。

曹孟德起兵五十萬，大軍南下直取劉玄德，劉備不敵，扶老攜幼敗走襄陽，諸葛孔明新官上任三把火，燒的曹仁及夏侯惇人仰馬翻，但是最終隊伍被沖散，才有了趙子龍七進七出救阿斗的故事。

我們都知道，再這樣下去，被大轎追上是早晚的事。

從哪裡出發、要走到哪裡，但憑對自己的承諾。（攝影：王家興）

最後我們實在沒辦法，拿了一顆消炎藥給陳先生的朋友。他吃下藥品後健步如飛，輕快的步伐直接將我們遠遠拋在身後，在我們抵達澤元堂時，他老兄早已吃了好幾顆又香又大的饅頭。

雖然我們一直都是秉持著能不給藥就不給藥的心態，但遇上萬不得已的狀況，也只能給他一顆藥丸。要說是他的堅持戰勝了我們嗎？我也不知道，總之當下是鬆了口氣。

只見他走過來問樂爸：「還有沒有消炎藥？」樂爸問他還想要幾顆，他說他要八顆。

因為他算好了，自己只走到新港就好，接下來他每兩小時吃一顆，可以一路堅持到新港，然後就回家。

我們面面相覷，樂爸建議他等天亮再到藥房去買，因為我們沒有帶這麼多顆藥丸。結果陳先生的友人沒要到藥丸，跟陳先生說：「那我要趁藥效還在的時候先走，等天亮再到藥房買消炎藥，我會自己先到新港，以免等一下又拖累大家。」

說完，他就離開了。我跟樂爸看著陳先生，也只能苦笑。

笑的是剛剛從新天宮出發時，我們像是他救命的稻草，他就算知道自己會拖累我們，還是不願意鬆口讓我們先走，也不讓我們幫他載行李，現在知道了解決身體疼痛的方法，就拋下我們自己先離開。

苦的是我常在反思，也常說這段路上媽祖婆自有考驗，或許本來這就是他的考驗，而我們出手幫了他一把，反而是雞婆了。

一路上我跟樂爸總是在想，來走這九天八夜，有些人是為了承諾，有些人是為了體驗，但終歸不離一個初衷，大多是闔家的平安健康。

吃藥雖然可以暫時阻絕身體的疼痛，讓原本前進不了的苦痛得到緩解，但卻在無形之中增加了身體負擔，之後還是得還回來。這樣的結果，不是我們所希望，也不是我們所樂見。

或許每一個人的見解不盡相同，但我始終認為，若是為了完成這九天八夜而把吃藥當成一種常態，反而造成身體某種程度的傷害，那豈不是背離了我們出發時的初衷。

我學到了，拒絕。

走在這條路上，莫忘初衷。（攝影：王家興）

一場痛快的熱水澡

傳說如果是第一年徒步遶境，不知道為什麼總是特別容易受到媽祖婆的考驗，好像別人遇不到的風雨，全都會降臨在你身上。

所以儘管樂爸要徒步走第一年時，我早就做好這樣的心理準備，但是當西螺大橋上的風雨無情打在身上時，我還是衷心為大自然的力量感到畏懼。

走在樂爸後面，不知道他此刻的心情是什麼，我們兩個身上的輕便雨衣幾乎快要拉不住，光是出海口強勁的風，就足以扯破薄薄的雨衣，更別提那頂早已被吹落橋下的斗笠。

我們兩個頂著風雨，亦步亦趨的前進，緩步在雄偉的西螺大橋上。

這是少數西螺橋頭沒有攝影者的一年，這些年陪我走這段路，樂爸總是感慨地說，以前他是捕捉影像的人，現在他是被捕捉的人。這個改變讓他很不習慣，也不是那麼喜歡，因為他甚至比那些攝影者更清楚，自己在鏡頭底下是什麼模樣。

這一年也不知道是媽祖婆聽到他的吶喊，還是要給他考驗，西螺橋頭一支鏡頭都沒

有。往年擠爆人潮的地方，今年被這場大雨給洗得乾乾淨淨。

有趣的是，聽說每一年大甲媽祖辦攝影比賽，這裡是很常出現得獎作品的一個景點，所以總有很多人喜歡在這裡等著。但也因為這樣，大家拍出來的東西儘管巧思各有不同，但是構圖、場景大同小異，我想評審們看多也就麻痺了。眼前下著大雨，沒有人想拍的景象如果冒著風雨按下快門，是不是就能與眾不同，甚至是拿下獎項？

我不懂，也不想問樂爸，心想拍照的人既珍惜照片也珍惜鏡頭，要在這大雨滂沱中蹲點想必不是一件輕鬆的事。人生又何嘗不是如此？看別人做，我們就跟著做，卻貪心地希望自己可以是出類拔萃的那一個，殊不知真正出類拔萃的，是在沒有人看的地方默默耕耘、謹遵初心的那一個。

與樂爸一路往福興宮前進，就算大雨依然滂沱，不過接近大轎要來西螺的時間，本來躲起來的人們漸漸露出了頭。

以前我們到這裡可以找地方洗澡休息，但今年的雨勢實在太大，原本能夠睡覺的公園、草地全成了泥濘，更不用說走廊屋簷下站滿了人，哪怕我們有帶帳篷，仍舊沒有一個棲身之所。

我跟樂爸擠在人群中，找了一個屋簷暫作休息。看得出來，這場雨讓樂爸的精神體力都到了極限。如果要繼續走下去，現在我們除了休息之外，還需要換更結實的雨衣，否則這種風強雨急的天氣，再走下去非感冒不可。

最後我們找了一間五金行，買了兩件雨衣。結帳的時候，老闆娘看我們兩隻落湯雞渾身濕透，主動問起有沒有地方洗澡。

我跟樂爸搖了搖頭。只見老闆娘指著五金行深處說：「在最後一排汽車用品的後面有一間廁所，如果要洗澡的話，旁邊有熱水可以開。」

這句話對我們來說，彷彿大浪裡的小舟見到了一塊陸地。我們趕緊將手推車推到旁邊，拿出了盥洗用具，迫不及待地要衝進那間期待已久的浴室。待樂爸洗好之後，我拎著毛巾、衣服走進去，關上門。

熱水，從頭頂流下，溫暖我的每一寸肌膚。

從臉頰到脖子，從胸口到小腹，沿著鼠蹊部往下走過了大腿、小腿，腳趾。這股熱流宛如熨斗，撫平了皺巴巴的衣衫。每一條躁動的神經，都因為溫暖的熱水而重獲平靜。彷彿新生兒回到母親的懷抱，溫暖、柔軟，對我來說，此時此刻是那麼樣的與世隔絕。

蓮蓬頭噴射出來的水花打在我的軀體上。我任由水流緩緩移動，慢慢張開的毛細孔，吞吐著渾身疲憊。

骨架撐著脂肪、撐著肌肉，除了一抹游離的意識，我早已身處雲端九霄。

說到底，這就只是一場熱水澡，跟我三十年來洗的每一場都一樣。但這一場熱水澡卻讓我滿懷感恩，如果不是老闆娘主動熱情，讓我們父子可以有一汪熱水稍作休息整頓，要不然面對滿天冰冷的雨水、刺骨的寒風，我還真不知道要怎麼繼續下去。

一花一世界，一樹一菩提。說來好笑，這場熱水澡洗得我彷彿見禪見佛。

離開五金行，我跟樂爸找了一塊人比較少的走廊鋪好地墊，在狂風暴雨中，縮起身躲在睡袋裡面，安安穩穩的憩了兩小時。等陣頭的哨角響起，砲聲連天的時候，雨也停了，我們兩個收拾行囊繼續趕路。

這讓我想起自己的工作不也是這樣嗎？潮落必有潮起時，當狂風暴雨來臨時，不用灰心喪志，躲起來休息一下，等風雨過去，記得再度上路就好。

我學到了，一粥一飯當思來處不易、半絲半縷恆念物力維艱。

那些付出不求回報的人

通常當我們從嘉義離開，大約已是傍晚時分，會經過一個地方名叫瓦窯。

樂爸跟我說，三十多年前他們在拍大甲媽祖遶境，那時鎮瀾宮才剛把遶境路線從北港朝天宮改到新港奉天宮，所以在過嘉義的迎賓橋前會先路經瓦窯村。

對於這個人口外移嚴重的小村莊來說，大甲媽祖遶境的熱鬧程度，幾乎要比過年還要盛大。不但家家戶戶把小小的馬路給擠得水洩不通，鞭炮、煙火，兩旁熱情拿食物給隨香客的居民更是絡繹不絕。

樂爸想起三十多年前到瓦窯，他騎著一台野狼，揹著他的單眼相機追媽祖大轎，一個阿婆很熱情地抱了一顆西瓜出來，一定要樂爸收下。雖然樂爸不好意思拒絕，但他一個人騎著車，實在不方便抱著那顆大西瓜，只好連忙跟阿婆說歹勢。

結果那個阿婆還主動說，要拿繩子幫樂爸把西瓜綁在野狼後座。樂爸回想起那年那位阿婆熱情的神態，實在不知道究竟是什麼力量，讓一個年邁的阿婆，自願發心拿出家裡最好的大西瓜出來分送，在那個物資缺乏的年代，人與人之間反而不像現代社會這麼疏離。

雖然最後樂爸因為大轎來了，趕著拍照沒有拿阿婆的西瓜，但是每年只要一到瓦窯，他總是格外有感觸。這樣的感觸總是讓人會心一笑，我們不知道此時此刻遇到的這個人，明年、後年，甚至是漫長的人生旅途中，還有沒有相見的下一秒鐘。

有可能一個擦身就是陌路的人，卻在此刻對你展現笑容，把他不知道花了多少時間精心準備，認為最好的東西捧到你面前。甚至把你接過他手中物資的笑容，視為一種鼓勵，那親切的神情、那毫無防備的藩籬，不管在任何時候，都宛如在彼此心中，點起了一盞暖暖的燈。

如今我與樂爸看著空蕩蕩的瓦窯村，三三兩兩的大媽對著我與樂爸點頭微笑。門外擺上了供桌，不過卻沒有任何的物資給我們，阿婆們坐在庭院外乘涼。此情此景，讓樂爸不勝唏噓。

一個大媽問我們：「怎麼走到這邊來？」

我跟樂爸反問：「大轎不是都走這邊嗎？」

大媽指著河堤邊的另外一條捷徑說：「現在大家都走另外一邊了，除了大轎之外，很少人會走到這邊啦。」

我跟樂爸不語，低著頭往前走。我們當然知道大家都走另外一邊，因為那邊比較快，而樂爸是來還願的，必須沿著舊香路走完三年。

說是捷徑，其實這兩條路相差不遠，只是因為走路使身心壓力變大，所以每個人都想說能少走就少走一點，能不進去的地方就不進去，尤其是走錯了要回頭，那更是讓人感覺到無比絕望。所以開始有很多人不繞進瓦窯村，直接走一四五甲切過去土庫圓環。

我是一個非常沒有耐性的人、我是一個非常沒有耐性的人、我是一個非常沒有耐性的人，因為真的太沒有耐性了所以說三次。不管求學或工作，我常認為自己的領悟力很強，別人可能做一百分領悟八十分，我只要做五十分就可以領悟到一百分了。而在我的成長過程中，也不止一次應證了我的確有這樣的能力，老一輩都說我太過聰明。

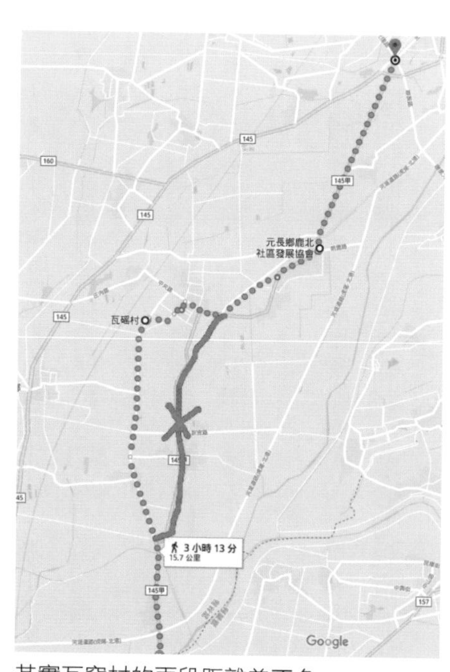

其實瓦窯村的兩段距離差不多。

直到走上這條路，我卻必須學會耐著性子，一步一腳印地把行程給走完。哪怕走了一年我就知道後面是什麼感覺，即便抄個近路也不會影響我的體會，但我卻常常覺得自己會因為各種因素而必須低頭，緩慢地完成這趟路。

我想，如果來走這段路的每一個人，媽祖婆都會給予屬於他們各自的考驗，那麼耐性大概就是媽祖婆給我的最大考驗。眼見一個又一個隨香客往一四五甲切過去，而我卻必須乖乖地跟著樂爸繞進來瓦窯。

前幾年我總是滿懷不情願地走過這裡，覺得為什麼要繞這麼大一圈。但是今年我特別想用自己的雙腿，慢慢地走過每一個地方，即便我的體力不是特別好，意志力也沒有比別人強大，但我告訴自己該走的都有走到就好。

遠處一盞殘燈如豆，大媽坐在門外。她拿著扇子搧風的同時，家門大開，坐在外面往裡頭看著電視上的綜藝節目。或許是看到我們兩個從遠處走來，大媽熱情地拿著她的扇子，積極招呼。

門口，一桶熱豆漿，一箱熱饅頭。大媽趕緊盛了兩碗熱豆漿要給我們，那神情就好像深怕我們父子不願意停下來一般。最後樂爸把腳步停下，我們兩個走到對街，接過大媽的熱豆漿。

那豆漿真是香、醇、濃，是平常早起到早餐店，都不見得能夠喝到的味道。樂爸跟大媽聊起天來，突然隔壁的門也開了，一個阿婆走出來；對面的門也開了，一個大嬸走出來，附近街坊鄰居陸續逛出了家門，朝大媽的熱豆漿聚集過來。

大媽說，這兩年正常回程已經沒有什麼人會特地繞進來瓦窯了，大家都是走一四五甲直接往土庫圓環去。我們好奇的問街坊鄰居：「難道媽祖婆的大轎現在不走這裡了嗎？」

眾人異口同聲的說，其實大轎還是會繞進來瓦窯，只是這裡距離新港奉天宮騎機車不過就是半小時左右的車程，大家都選擇到新港去看熱鬧。而且媽祖婆十一點才起駕，等媽祖婆來到瓦窯都已經是半夜的事情了，現在才十點多，隨香客不會特地繞進來這裡。

樂爸感慨地看著瓦窯村的路口，跟大媽們說他三十多年前來拍大甲媽祖遶境，那一年媽祖婆剛改道第一次來瓦窯村，兩旁夾道熱烈歡迎砲聲連天，家家戶戶都出來迎媽祖的樣子簡直是萬人空巷。幾個較為年長的阿婆，聽到樂爸這樣說彷彿找到知音，歡天喜地大聊過去遶境的盛況。

大媽的豆漿，熱氣蒸騰著。有些隨香客也遵循遶境的路途走進這裡，大媽熱烈招呼，人漸漸聚集過來。月光下，休息的休息，聊天的聊天。我與樂爸吃完一顆饅頭，喝了一杯豆漿，胃整個暖了開來。

樂爸跑到手推車上拿了一疊「壓轎金」跟大媽結緣，大媽歡喜地收下，然後問我們要不要多喝兩杯熱豆漿。我與樂爸對大媽揮揮手，然後轉身離開。

或許等人潮散去以後，大媽家門口又會恢復平靜，或許明年進來瓦窯村的人會變得更少，但這一路上有人準備了豐盛的菜餚，早早搶了一個熱門的路口，然後敲鑼打鼓的分送物資；有人默默地找了一處偏僻的角落，準備著熱騰騰的吃食，靜待著有緣人從門前經過。熱鬧、安靜，皆隨緣誠心奉獻，讓我們這些飢寒交迫的旅人，有一餐飽飯，一碗熱湯，銘感五內。

前程長路漫漫，靜思自己的人生總是索求太多，滿足太少，儘管知道月無常圓、水無常滿，仍汲汲營營地追求我們所要的。而人生在世就如太極陰陽，有擅長就有不擅長，有優點就有缺點，有起就有落。

都說人生很難，我覺得難就難在，如何看待翱翔九天時的謙卑，與徘徊幽谷時的喜樂，僅此而已。

瓦窯村的那碗熱豆漿，讓我學到了，知足常樂。

阿婆的最後兩個芋粿

因為這一年身體狀況比較好，所以跟樂爸從北斗離開的時間較早，正巧遇上一路往彰化的車水馬龍。

往年我們在北斗會睡到大概七、八點，等媽祖婆的陣頭團陸續進北斗鎮以後再出發。這一年大概是天氣比較熱的關係，走廊上滿滿的蚊子吵得我們實在是睡不著，既然睡不著，那不如就早點出發吧。

走出來之後難得太陽還沒下山，想說看看白天的景象也別有一番趣味。沒承想，遠處一個阿婆擺了個小攤子，空空的塑膠籃裡不知道本來擺了什麼，遠遠就看她手裡不知道拿著什麼，對我們兩個招手。

阿婆說：「啊，剛好你們兩個把我這兩顆芋粿拿走，我就通通發完了，真好真好。」我跟樂爸露出複雜的微笑。

這是一路上特有的景色，雖然物資給人拿不用錢，但是為了把物資發送出去，大家會各出奇招，有的派出年輕美眉攔街發送，有的則派剛剛學會走路的小朋友出馬，有的穿著奇裝異服，有的大聲吆喝。

雖然我們全程要走上九天八夜，但很多東西沒有冰箱也沒法保存，所以除了自己要吃的之外，其實不敢多拿，拿了也不敢久放。

有趣的是，這阿婆一副擺明了我們一定會拿她的芋粿，一邊把芋粿拿出塑膠籃，一邊已經開始收拾籃子，準備把桌子也收到後面去。

其實我跟樂爸也沒什麼想法，而且人家阿婆都把桌子收起來了，我們要是不拿，她不就又得把桌子打開？由於時間比較早的關係，後面暫時還沒什麼隨香客跟上，要是不拿，阿婆不知何時才能再分送完。

樂爸笑著伸手拿了，我也跟著接過了芋粿。阿婆滿臉歡喜的說：「這樣很好，這樣我就全部發完了。」

阿婆招呼我們到路旁人行道上，她擺的小椅子休息。我跟樂爸吃著芋粿，一邊除了誇獎阿婆手藝好之外，也好奇地問阿婆，往年怎麼沒看過她在這裡擺攤，擺多久了？

阿婆說她擺好幾年了，一開始準備一百顆，後來吃不夠準備兩百顆，今年想說準備了三百顆，結果也是發光光。原來我跟樂爸手上這兩顆，正好是阿婆今年三百顆芋粿的最後兩顆。

我跟樂爸面面相覷，往年我們不會在這時候經過這裡，所以阿婆大概早早發完就回去了，因為今年我們睡不著提早走過，結果正好趕上阿婆的最後兩顆芋粿。

緣分其實是一件很奇妙的事情，我們總說這段路上你會遇到什麼事情、要吃多少東西，彷彿媽祖婆都已經先幫你安排好了。每個人的際遇不同，腳程不同，所以能吃到、能遇到的攤位也不盡相同。

我與樂爸三兩口把芋粿吃完，樂爸問：「但是現在還這麼早，阿婆妳就已經把三百顆芋粿發完，那等一下要做什麼？」

阿婆跟樂爸說：「那還用說，當然是休息一下，然後等媽祖婆的大轎過來啊。」

聽她這麼說，我們又是一陣感慨，這到底是什麼樣的力量？這一路上，我們究竟看了多少次這樣的情景。

烈日當空的省道，青蔥翠綠的稻田，有一小搓人站

其實阿婆的芋粿還滿好吃的。（攝影：王家興）

在太陽底下，任憑太陽曝曬，而他們只是拉長了脖子排成一列，遠遠地就為了等大轎經過。跟他們說先去休息，大轎至少還在五個小時以外的地方，他們還會反過來跟我們說：「憨囝仔，嘿那午要緊，等媽祖就是要誠心。」我跟樂爸苦笑著繼續往前走，到底誰才是憨人，這下我也說不清了。

父子倆就這樣一路推車走完旅程。

似乎是已經習慣這樣的回應，樂爸跟阿婆說：「媽祖還有一段路才會來，妳可以先在旁邊休息一下。」

阿婆說：「沒有關係啦，我才在這裡等幾個小時而已，你們都走九天八夜了，還是站著等比較誠心。」

這次樂爸沒有再勸，我們只是笑著跟阿婆揮揮手，然後轉身推著手推車繼續踏上旅程。

南懷瑾說：「真布施無錢財，不欲人知、無我、無相。」

金剛經說：「恆河沙等身布施。」指的是布施中，最難的莫過於一生以身體布施，就有如恆河的沙子般，一世布施完了，輪迴之後再一世的布施，生生世世輪迴不息。

這一路上像阿婆這樣的長者很多，哪怕是我走了六年，也還有不知道多少沒見過的攤位與人群。他們雙手捧著自己覺得最好、最珍貴的到你面前，沒有任何條件，當你取走的時候，甚至不需要給他們任何笑容或回應，單單點個頭，他們就心滿意足。

我們只是行腳的隨香客，何德何能受此布施。然而，他們卻毫不在意。

我只能把這一份感恩涕零，深藏進心中。

我學到了，布施不欲人知。

稜轎腳

記得走完的第一年路過明道大學，在合興宮炸彈媽外面，我跟信眾們跪成一排，引頸期盼媽祖婆的大轎來到。

遠處，合興宮的炸彈媽走在前頭，大甲媽走在後面，兩頂神轎在信眾簇擁間緩緩靠近。我匍匐趴下渾身傷痕累累的軀體，讓大轎從自己身上走過。

這是我這六年下來，唯一一次跟人排隊稜轎腳，後來因為信眾越來越多，車水馬龍實在不方便，也就沒再跟隨人潮去搶位置。

每一年總會看到路上排隊的人龍裡，有著幾位老者或病者，看著他們的模樣，我總是反思自己，雖然這一路上都在哀號徒步遶境有多苦、多累，但在這些人的眼中，或許我的這些苦與累，是一種他們永遠觸不到的幸福。

走筆至此，突然想起了在編劇班時的一位老師。他有一隻腳是天生小兒麻痺，只能拄著拐杖行走，上課時也總是坐在位置上無法久站。

還記得，那時我興沖沖地把自己寫完的遶境劇本交到他手上，結果他卻對我嗤之以鼻，不屑一顧。一開始我不懂為什麼他要這樣，幾次之後，即使我不厭其煩地將劇本遞到他面前，但是他仍然跳過我的劇本，我對他的口氣也越來越不滿。

後來在某一次課堂中，他對我說：「你的劇本我沒辦法給你指導，因為我覺得能夠走路就是一種天大的幸福，而你卻不斷地在說什麼走這段路有多苦、多累，你知道如果可以，我有多希望能夠感受到雙腿傳來的痠痛嗎。」

那一瞬間有如當頭棒喝，原來我以為的理所當然，對很多人來說是求都求不來的幸福，而我卻把這一份幸福寫成一種不堪與苦痛，這種膚淺的描寫對他來說，根本就是莫大的侮辱。

我總是太過於以自己的角度思考，很多自以為理所當然的事情，沒想到換成另一個人來看，看到的東西就完全不同。甚至很多表面上看來光鮮亮麗的人，背後都不知道隱藏了多少的努力與辛酸，我的苦痛換到了別人身上，竟然是求都求不來的一種幸福。

我不知道該怎麼向這位老師道歉，我也不知道該怎麼回應，只好默默地等到編劇班結束，然後將自己的劇本塞進抽屜裡。

這段往事，讓我想起了曾經在遶境路上看到的情景。一位母親抱著自己坐在輪椅上的病兒，為了怕他們跪在地上的時候身上受傷，只能滿臉堆著歉意，不斷請求前後排隊的人多給她一些空間，讓她可以扶自己的孩子下來。

只見那四肢都已經萎縮的孩子，必須費盡九牛二虎之力才能趴在地上，讓母親按著頭，等著遠處的鞭炮聲接近，日月傘下的華蓋在簇擁間緩緩而來。

孩子好奇想抬起頭看大轎一眼，媽媽壓著她不斷掙扎的身子，旁邊的工作人員見狀趕快過來幫孩子趴好。且看大轎緩緩前行，慢慢地經過孩子與母親的身上。

崙腳村，新吉宮的轎班出來接轎。
（攝影：王家興）

為保護當事人，臉部經特殊處理。
（攝影：王家興）

眼前此景令我這個自詡冷血的人也不禁動容，我不禁閉上眼祈求著：「媽祖婆神威顯赫、救苦救難，請保佑她們母子無病無痛、無災無厄，渡一切苦、渡一切難，平安、喜樂。」

一生苦難業因果
撒向天　滿地紙
舉起的涼傘　趴下的軀體

心無罣礙大轎前
魂做路　身為階
多了一物多了癡貪
少了一物少了妄念

救苦救難媽祖婆
神威顯赫　八方震動

跪在輪迴間
前世所造諸厄業
一拜皆懺悔
放下過往和雲煙
無恨、無怨、無嗔念
有愛、有情、苦亦甜
生生世世　心甘情願

我學到了，健康比什麼都重要。

路是人走出來的

遶境九天八夜，怎麼走最虔誠？

常聽人家說，某某某很虔誠，或是哪個人都沒搭接駁車。其實要怎麼走，除了自己跟媽祖婆約定外，沒有人會管你，甚至從來也沒有一個官方的標準認證，全程走完就可以領什麼獎牌、證書之類的東西。

我們出發上路全憑內心，過程要怎麼完成，都是自己說了算。媽祖婆從來也沒叫我用走的，或者規定我不能搭接駁車，騎腳踏車。

相傳一開始的進香，是為了要回湄洲祖廟，所以會走水路搭船，然後渡過黑水溝的天險，九死一生的過去再回來。後來到了日治時期，媽祖婆沒辦法回湄洲祖廟，就改到北港進香。

以前交通不發達，能依靠的就是自己一雙腿，後來民智漸開，代步工具也越來越多元，原本的謁祖進香也改為遶境進香，性質跟以往已經大不同了，當然這段路的選擇也就變得更多了。

坐在廟埕外的樓梯上，我乘著涼風，看著樂爸跟一個大叔相談甚歡。我心想這樣就可以多貪圖一點休閒時間，多吃兩碗冰冰涼涼的米苔目，再拿一顆大芭樂放在手推車上，準備等一下路上可以吃。

隨著大轎越來越靠近，人潮也就越來越多，原本我們領先媽祖婆大轎的時間一點一滴地被抵銷掉，但我看樂爸跟大叔聊得不亦樂乎，而且大叔說他也是來走九天八夜的，我們父子想這大叔看來是識途老馬，他都不緊張了，我們緊張什麼？所以能聊就繼續聊，米苔目能吃就繼續吃，大熱天有這種冰冰涼涼的東西可以解暑是最好不過的。

我雖然裝得很認真，但其實壓根就沒聽大叔到底在說什麼，邊聽身體邊倚著樓梯，想藉機偷偷打個盹。畢竟對我來說睡眠是恢復疲勞非常關鍵的過程，所以只要可以睡，我就多睡一點。

像是熱引擎般的身體，因涼風徐徐而冷卻下來，注意力也開始渙散。其實最早之前我總是積極地認為，人應該要奮發向上，努力追過路上所有人，然後衝到第一名，就算沒辦法奪得頭籌，只要能贏過多少就算多少。

尤其是在別人休息的時候我不休息，繼續往前走就可以贏過更多人，有句話曾被我奉為至理名言：「天才就是三分的天分，加上七分的努力。」如果我有十分的努力，別人在休息的時候我不休息，不就能夠贏過所有的對手嗎？

這個理論，也被我拿來發揮在自己的工作態度上。之前台灣的出版界有個說法，如果一個作家能夠出版一千萬字，那勉強可以被冠上老師的頭銜，畢竟能夠出版一千萬字，表示文字功力或是對市場敏銳度都有一定的掌握，同時對於自我的要求也是夠嚴，才有可能被出版社認可。

所以我想，如果以前的人花了二十年完成這個目標，那我就比以前的人更努力，用加倍的字數去超越，爭取在十年之內拿下這個目標。前輩們一天寫五千字，我就一天寫

大甲媽祖陣頭團。（攝影：王家興）

一萬字；前輩們一天寫一萬字，我就一天寫兩萬字。我始終相信精誠所至，金石為開。

自從跟隨大甲媽祖遶境，第一年就讓我體驗到兵敗如山倒，我因為好強不肯休息，一路宛如急行軍般地直衝，結果害自己崩潰，再也無法前進。從那之後我就明白了，這是一段放鬆才能走得遠的路，沒有與誰相爭，也沒有任何人是競爭對手；沒有人喊開始，也沒有人喊結束。一切的一切，唯心而已。

「鏘！鏘！鏘！」突然間，鑼聲乍響。

我猛的驚醒，看見廟埕外走進來的報馬仔，我轉頭看向樂爸，報馬仔如果到了，表示媽祖婆的大轎也差不多要到了。

樂爸匆忙吃掉手中的芭樂準備上路，這時那位大叔不慌不忙地揹起背包，走到廟外一輛停在那裡許久的接駁車，車上幾名大姊七手八腳地把他拉上了車。我跟樂爸眼睜睜看著他坐好之後，不忘親切地招呼著我們趕快上車，那輛接駁車還非常空曠，可以載得下我們兩個與手推車。

我跟樂爸對望一眼，不好意思地拒絕了，然後低著頭推著手推車快速前進。接駁車開動後緩緩地超越我們往下一間宮廟前進，坐在接駁車上的大叔熱情地與我們揮手，並且開始和旁邊的大姊攀談。

我不斷地回頭張望，身後鑼鼓喧天，萬頭鑽動準備熱鬧迎接大轎，我和樂爸便話不多說趕緊上路。

再次強調沒有誰對誰錯，大叔選擇搭接駁車，我們選擇走路，一樣都是跟隨媽祖婆遶境，沒有誰比較虔誠或是比較高尚。只能說你選擇好路了，在自己心中就要有一把尺，不用去羨慕別人，也不用去管別人走要怎麼走。

走這段路彷彿爬一座山，該怎麼去爬、用什麼工具，都是自己要去規劃準備好的。既然上路了，就應該保持自己的節奏，不急不徐，一步一腳印。

作者與父親合影留念。

我的外婆家在海邊，小時候總聽三教九流的姑婆們，閒聊誰比誰賺得多。一個姑婆總是嗤之以鼻，笑著說她隨便摸三圈麻將就有幾萬塊的收入，傻子才去做那乖乖打卡上下班的工作，又累又窮。

每當這位姑婆出現，總是讓大家啞口無言鳥獸散，然後姑婆會大氣地摸摸我的頭，買上一支小時候根本買不起的甜筒，塞進我的手裡。

只不過二十年過去了，哪裡來的錢財就散回哪裡去，這位當年叱吒風雲的姑婆一點積蓄都沒有。眼見兒女紛紛離去，老伴早早離世，她再也打不動一圈動輒上萬的牌局，一個人整天坐在家裡看電視，等著不知道哪天又會抱回誰家孫子的兒子、女兒回家。而以前遇上姑婆就灰溜溜的婆婆媽媽們，日子一樣如昔，看著兒女長大成人，領著固定的薪水，過著一般人的平凡人生。

沒有誰對誰錯，姑婆的路是她自己選的，我猜想她的人生，或許曾經看過比別人更壯闊的波瀾。就像這一段遶境旅程，既然是自己選的路，就不怨懟、不責難，無論形式，但求心安。

我學到了，走的快不一定走的遠。

心中的那一把尺

助人到底是不是快樂之本，這問題多年來一直在我心中徘徊不定。

坐在虎尾帥興宮外，幾個大叔在廟埕前，天南地北的聊著誰從哪裡來、誰走了多少年之類的話題。從吳厝出來後到這裡，需要走一段滿長的路，所以往往我們到這邊，時間大約是清晨五點多快要六點，天空蒙著一層薄霧，等著旭日東昇。

因為走一整晚沒睡，因此很多人在這個時間點會昏昏沉沉格外愛睏，而我就是這樣的角色，所以每年走到帥興宮我總是搖頭晃腦的哈欠連連，老爸有時候會找人聊聊天，有時候我們乾脆找個地方躲起來睡一、兩個小時再上路。

二〇一八年初春向晚的四月，是我第六年全程徒步遶境，我跟樂爸坐在帥興宮的庭院，身旁有人靠著金爐打盹，有人枕著背包睡覺。

遠遠一名面色痛苦的大叔，一拐一拐地走進帥興宮，他一走進來就把背包往地上一扔，直接拉了椅子坐下，並且開始除去自己的鞋襪。因為動作有點大，一下子就引來許多

人的側目。

不看還好，一看才發現這大叔的腳掌上水泡大大小小，泡裡有泡，有的甚至已經凝結成血泡。他都不用說，我們就知道他這一路走來腳底這樣摩擦，絕對非常辛苦。

一大群人圍在他身邊，七嘴八舌的說該怎麼處理，期間也不乏有老前輩知道，可以用鋼針穿破水泡的治療方法，但是卻沒有一個人敢動手。

最後大叔居然自己拿出一支注射用的針筒，他將針頭刺進水泡裡，然後把水泡裡的組織液給抽出來，只不過我看他那個表情，一點都沒有比較輕鬆。

我跟樂爸實在不忍繼續看下去，便找了個地方躲起來當作沒看見，繼續休息。即便我跟樂爸都為了那位大叔擔心，如果早個幾年，我們肯定會義無反顧捲起袖子，拿出我們的針線幫他處理好傷口。

但是這些年醫療法規越來越嚴謹，我們學來的民俗療法只能說是土郎中的等級，起水泡這種事，我們自己處理或者互戳都無所謂，但是要幫一個陌生人做這樣的事情，實在沒有這個勇氣。講句認真的，在醫療法規裡面這算是侵入性治療，沒有醫師執照是不能做的，所以我們也只能狠心袖手旁觀，心裡的那一把尺一次又一次的被逼到角落。

想起第一年遶境，路旁許多走了很多年的老師傅會拿出針線包為人治療水泡，往往都是大排長龍，甚至一根針治療好幾十個人。即便在衛生上面的確是不合規定，但是每個被治療完、休息過後的隨香客，從他們臉上浮現的笑容，就可以知道自己是不是做了一件對的事情。

那個大叔一拐一拐地走出帥興宮，我跟樂爸只能別開臉不去看他。或許這就是媽祖婆給他的考驗，以前可以的，現在不能做了，希望大叔能夠順利走完剩下的旅程。大道朝天，路途依然漫長，能不能走完看個人造化，或許媽祖婆自有其考驗吧。

走到半路又遇到一名大漢，這男人身高與我和樂爸差不了多少，個頭魁梧一臉橫肉，但是他走路一拐一拐的，身

吳厝路旁。（攝影：王家興）

上帥氣的牛仔褲，胳膊上凶狠的紋身，這時完全無法掩蓋他那早已無法行動的身體。

我跟樂爸走在後面看他的兩條腿，左腳拖著右腳，右腳掌成九十度往外拐，一腳前進，另外一腳慢慢跟上來，痛苦表情完全不亞於剛剛帥興宮的大叔。也不知道是出於同情還是憐憫，樂爸靠上去問大漢需不需要止痛藥？

大漢毫不客氣，轉頭就對樂爸說：「我要，快給我。」

然而他的腳步沒有停，繼續拖著沉重的步伐緩緩向前。我將止痛、消炎兩種藥遞過去，樂爸一邊走一邊拿給他，男人拿到藥之後也不道謝，張開嘴巴直接就將兩顆藥丸扔進嘴裡。

樂爸趕快要拿水給他，他也不客氣一把就將水搶過去。也許是用力過猛，又或者是身體的肌肉早就不協調無法聽控制，這搶的動作使他整個人失去重心，緩緩往旁邊倒下去。

那畫面說多詭異就有多詭異，這名大漢年紀看起來頂多也就是三、四十歲左右，可是他倒下去的樣子，像極了一名八十歲老翁無法控制自己的肌肉，失去重心之後慢慢向旁邊軟倒的模樣。

大漢跌坐在路旁，指著樂爸喊說都是樂爸害他跌倒的。我趕忙走過去，跟樂爸兩個一左一右，像在拉小孩那樣，吃力地想將他從地上拉起來。我們萬萬沒想到，他的身體基本上已經是一點力氣都沒有，完全要靠我跟樂爸的力量撐起，無奈他的體重不是我們所能負荷，拉了老半天也沒能將他從地上拉起來。

大漢又掙扎了一下，嘴裡一邊罵著怨天尤人的話，一邊沒給樂爸什麼好臉色看，好不容易路旁一個隨香客看到，趕忙過來從後面推這名大漢的屁股，三個人再一次齊心協力，好不容易才把大漢從地上拉起來。

只見大漢又罵了幾句之後，給了我與樂爸一個白眼，然後拖著一拐一拐的身體慢慢離去。看著他的背影，我實在又好氣又好笑。

氣的是我們這樣幫他，他非但沒有一絲感激，甚至還罵了好幾句話。好笑的是，這樣一個人高馬大，看起來凶神惡煞般的人物，居然全身無力地軟倒在地上起不來，如果不是我們跟那位

樂爸的第 3 年與作者的第 6 年全程徒步。（攝影：王家興）

路過的大叔幫忙的話，他可能要在地上掙扎個幾分鐘才能自己爬起來吧。

一路上，我跟樂爸把這件事情當成笑話說著玩，如果人人都像大漢一樣，那還有誰敢幫助別人？現代疏離的社會，一大堆潛規則分隔人群，造就冷漠的表情加上自掃門前雪、莫管他人瓦上霜的生活態度。

剛開始遶境的時候，沒能力幫助別人，幾年之後有點能力了，想幫助別人卻不時受到冷漠的對待。雖然寒了幾次的心，但是每當我看到那些痛苦的背影，總是會忍不住想再次伸出援手。

只能說幫與不幫，各自評量。有時候趕上了、看到了，能幫一把就幫，問心無愧，但求心安而已。

無論付出遭受什麼樣的對待，我學到了，心安理得。

裁員風波

二〇一六年五月四號到職，二〇八年三月五號離職。整整一年九個月彷彿一場夢一般，看到一個集團的輝煌，也看到了沉寂。

話要說回樂爸那年許了一個願，希望我能夠找到一份正職工作，結果台灣某家位於金字塔頂端，世界五百強的企業主動找上我，可能是面試時小說家的身份有加分，便順利受僱於集團內某個組織單位。

那段時間對樂爸、樂媽來說，總算是放下心中一顆大大的石頭，覺得我終於找到一個好工作，並且願意安分的放棄作夢，踏實的領薪水過日子。再加上聘用我的公司在台灣風評不錯，全世界各地都有分公司，幾乎可以說是給我們家掙了不少光。

到職以後，為求不辱沒了自己的名字，我當然是很努力的工作。除了努力達成公司設定的成長業績之外，也很努力讓主管肯定，並且在一年內就調薪，漲幅超過一〇％，還被外派到深圳總部出差十天。畢竟這是我第一次做打卡上下班的工作，除了要對得起公司外也要對得起自己。

只可惜好景不長，樂爸、樂媽心中的大石頭只放下一年九個月，就又提起來了，因為單位虧損連連，市場景氣不佳，我們整個部門被解散掉，理所當然的我就又摸摸鼻子回到電腦前面，寫自己的小說去了。

因為去上班的事情沒有跟書友分享，因此比較少人知道。只不過身邊大部分的朋友都會問我，從這樣一間福利好、待遇佳的大公司離開，而且不是因為不努力或者不被長官認可而被裁員，面對這樣的人生起落有什麼想法。

或許年輕個三、五年，我會有各種不甘心、憤怒的情緒吧，畢竟自己努力蓋起來的城堡，卻因為大環境的關係被推倒，成了犧牲在沙灘上的士兵，這種感覺肯定是很糟糕的，但我只是想起了第一年邁開步伐，奮力向前的大甲媽遶境之旅。

當我坐在接駁車上，看著景色不斷從身旁飛逝而過，心中的挫敗感也不斷蔓延。你知道嗎？當一個人發現，原來不是努力就一定會成功，原來不是認真就一定可以達到心中預期目標時，那種感覺真的非常無力。

後來讓接駁車載到了茄苳王公廟，跪在王爺公面前，我一句話都說不出來，強忍著淚水燃了三炷香，虔誠地拜了三拜，什麼都沒說就轉身而去，相較於出發時的意氣風發、鬥志高昂，這時的我早已不剩半點驕傲了。

路上贏過一、兩百人又怎麼樣？遶境不是一場競賽，人生也不是，大家都從一樣的起點出發，只是每一個人選擇的方式不同，步調不同，所以經驗也就不同。我們沒辦法掌握的事實在太多了，不論是遶境或人生都一樣。

當很多親朋好友聽到我遶境失敗回家的消息，大多是錯愕與驚訝，因為我在朋友心中就是一個好強，奉行人定勝天的形象，既然我出發前信誓旦旦地說要完成，那就一定會完成。因此當我第一天就回來的時候，朋友們都說是不是我自願放棄，還是覺得太沒挑戰性了，所以一天就回來。

這一次我不敢說大話，低下頭，謙卑地說：「沒有，我真的太自以為是，這段路我徹底的失敗了。」看到我這樣的態度，朋友們都

作者與父母於途中合影。

投以詫異眼光。

而我哭完了之後，收拾淚水隔年再度挑戰，儘管現在我連續完成六年，也實在不敢說，已經征服或是完成了這一段路。

回頭想想，還真由衷的感恩第一年就讓我嚐到了失敗的感覺。因此當我被裁員，徘徊於人生低谷的時候，朋友問我會不會覺得遺憾，我只能說：「盡人事、聽天命，沒有對不起自己就好。」

翱翔的時候，我以為是自己有強壯無比的翅膀，等到徘徊低谷的時候，我才明白其實乘載我的是風，現在風停了，我棲回樹梢，等待下一次風起，希望可以翱翔的更漂亮，然後飛得更遠。

這一路上聽了很多台語金句，許多句子中充滿了智慧，就好像老一輩常說的「人無千日好、花無百日紅」，所謂千日大概三年，正好對應另外一句，「三年一閏好壞照輪」。

凡事無愧於己、盡心便是隨緣。

斗笠

當我還是一片竹的時候，在阿婆手裡一片一片的編成嶄新的樣貌，阿婆手掌的溫度，透著歲月風霜與蒼涼，日復一日的勾勒出我的樣貌。

後來我被送進雜貨舖，這裡離阿婆家不遠，海風吹著，我跟一群來自四面八方的同儕擠在小小的店舖裡，要說是待價而沽嗎？那也太瞧得起自己了，我是用竹子編的，他們也是用竹子編的，要說優勢，頂多就是被編得比較工整，擺在比較靠外面的位置罷了。

每天看著日昇月落，鎮瀾宮外熙來攘往的人群，我總想著將來可以為誰頂起一片天，為誰遮風避雨，但是現在卻發現誰還願意停下腳步，多看兩眼我們這些跟不上時代的產物。世界在變，人心在變，什麼都在變，唯有不變的就是改變。

突然有一天這個小雜貨舖裡擠滿了人，外頭砲聲連天，來來往往人手一支遶境旗，神威赫赫的媽祖婆，被人群簇擁著安坐在莊嚴的鑾轎內。

原本擠在身旁的同儕一個個被拿走，我也不例外地落在一個男孩子手裡，終於到了一

展我抱負的時刻了。我掛在男孩的肩上，隨他穿過水洩不通的廟埕，我的同儕兄弟們，不論是掛在男女老少的肩上、頭上，此刻正興奮地迎風昂首，彼此為彼此的未來打氣。

男孩拿著遶境旗，恭敬地在媽祖婆駕前三鞠躬，報告著他即將出發，我彷彿看到媽祖婆的目光朝他撇過來，儘管只有那麼一下下，平常總是高坐宮內的莊嚴，此時此刻將一抹神識扔向我們，神靈的傲岸宛如聳入天際的高山。

我隨著男孩一起匍匐、一起前行，一起踏過了一座座橋墩。烈日當頭我為他遮陽，暴雨狂風我為他阻擋，用盡了我的所學，儘管路途遙遠，但是我卻感到滿足喜樂。

在雜貨舖裡日子雖然輕鬆，但整天無所事事，讓我幾度懷疑被創造出來的意義。當我隨著男孩踏上旅途，或許困苦、或許辛勞，然而我卻是第一次感受到自己存在的價值。

風來，咬著牙，御風而上；雨來，低著頭，逆流而起。面對豔陽，我微笑挺立；面對黑夜，我與男孩扶持度過。兩個日夜就這樣匆匆度過，原本我一身的嬌嫩，經過兩天的洗刷出一層厚重的泥濘。

路上遇上了同儕，我們互相打氣，看著一身的驕傲，在彼此身上看到蛻去雜貨舖時的嬌嫩，換來滿滿的風霜雨露，或許那就是成熟應有的姿態。

突然，一陣強風打來。男孩沒將我抓牢，我看著身體迎風而上。朱紅色的西螺大橋在我腳下，越來越小、越來越小。

出海口的狂風巨浪，如萬馬奔騰般衝擊過來，風刀雨劍在天空怒吼，長長的人龍每一個都看著我，有的小孩舉起手，男孩慌張地衝過來想抓住我，但是我已經看到自己飄出橋墩邊界。

天空灰濛濛的，好像被潑上了墨。風起，又一個轉身。我被刮的完全失去平衡。

只是遠方，鑾駕上的媽祖婆看著我，慈祥的臉上，彷彿有著一抹安定的力量，讓我在驚滔駭浪中，對於未來感到一絲的平穩。

我轉頭又看看男孩，男孩趴在橋邊把手努力的伸長，然而他離我太遙遠了，我知道在這樣的風雨中，除非他有翅膀、我有腿，否則我回不去，他也過不來。

緩緩落下，他的眼神失落、悲傷。我又看看遠方的大轎，媽祖婆仍然慈祥的微笑。

我閉上眼在心中跟男孩道別，或許天下無不散的筵席，未來的路我早晚終要放手分道揚鑣，不論有多不捨，彼此間有過多少情感，緣起相聚、緣滅分離。或許我註定了與他相遇，他注定了將我帶到這裡，西螺大橋就是我們的終點，未來的路媽祖婆自有安排。

我隨著風，落在田埂間。夜裡，西螺福興宮砲聲連天，我靜靜地躺在田邊看著日月星辰，風雨漸歇，也不知道男孩與他的父親怎麼樣了，是不是還為了洗澡問題困擾著。

朝陽升起。還來不及悲傷的我，遠遠地看著一名老人家拿著鋤頭走來。

他笑著將我撿起，拍拍我身上的灰塵，然後歡喜的說：「啊，媽祖婆有保佑，今天忘記戴斗笠出來，就讓我撿到一頂，安內足好耶。」

我讓老人家掛在頭上，順著他誠心膜拜的方向看著遠方，我也誠心祝福那個少年與他的父親，這一路上有著足夠的勇氣、堅強與毅力，完成我這無緣陪伴的九天八夜之旅。

遊子的心情

坐在清水火車站的月台上，看著遼闊的田野這兩年蓋起了樓房，月台上、鐵道邊原本通風的環境，不知道什麼時候開始夾雜著施工的粉塵，農地裡面開始種出了高樓大廈。

不管是海邊的液化區，還是山上的墳地，那些本來沒人要的土地，被政府畫作重劃區之後，建商取得便宜的土地，大興土木的種出一棟又一棟的樓房，然後標上天價，請來名人加持入住等著出售。

我已經好多年沒有搭火車了，看著南來北往的旅客，為了不跟離鄉背井的遊子搶票，加上在台北工作了一段時間，把代步的工具換成一輛二手國產小車之後，就鮮少到火車站報到。

我拎著行囊穿過人煙稀少的火車站，小貓三三兩兩的看著我，這裡的貓成群結隊，以前搭火車的時候就領教過牠們那地痞無賴的行為，每次只要我拿著麵包、御飯糰等車，牠們就會蜂擁而上，死賴在我腳邊想蹭一口吃的，也不看看每一隻都吃得跟加菲貓似的圓滾滾了，還厚臉皮的來要吃食。

大概是知道我今天只是路過，又或者看我手中沒有糧食可以讓牠們展開磨人的攻勢，所以貓兒意興闌珊的打了個呵欠就從我腳邊離開。

我家離清水火車站，步行大約十五分鐘左右。等我回到家，就看到兩台手推車已經擺在客廳，完整的裝備，香桶、零食籃一應俱全。

樂爸一整年下來，閒來無事就會把這兩台手推車拉出來大大整理一番，有時是換桶子，有時是換輪子，總之經過他一整年的保養整修，這兩台手推車每到要遶境的日子，肯定是光鮮亮麗的。

樂爸吆喝著說：「怎麼樣？我今年把車子改裝成這樣，一定不會像去年一樣輪子又壞掉了。」

樂媽笑著表示：「樂爸一整年都在弄這兩台手推車，九天遶境一回來，他就開始檢討哪裡做得不好，哪裡需要改良，現在又到了每年可以讓他實戰手推車成果的時候。」

人家都說男生愛改車，我想這一點不管到幾歲大概都是一樣的，小時候改腳踏車，大一點改摩托車，再大一點改汽車，再來有人改專業的車種。到了我爸這個年紀，換改手推車，還真應了一句話：「沒改過的車子不叫車，哪怕是手推車也一樣，男人的靈魂就是要改車。」

我沒空陪樂爸瞎折騰，連忙把行李塞進手推車裡，樂爸泡了一壺茶，我跟樂媽就坐在旁邊陪他喝茶，然後聊他這一整年改車的心得，以及今年的路線要怎麼走。

看著他們兩個眉飛色舞的聊天，其實一整年也就這段時間陪他們的日子最多，就連過年也是匆匆忙忙，畢竟難得放個年假也想留點空閒給自己，所以初二、初三就北上，在忙碌的都市叢林裡面奮力求生存。

唯有大甲媽祖出巡這九天，一旦踏上旅途我就只能完全放空，甚至把手機關掉，讓自己遠離快速的現代化社會，緩下腳步，慢慢去體會台灣所謂的鄉土民情。

作者與爸媽。

其實我一開始非常不適應這樣的改變，總覺得爸媽嘮叨，不知道哪一年開始，當我看到他們頭上的銀白漸漸變多、皺紋漸漸變多，才猛的驚覺，那個從小庇護我長大的雙親似乎有了年紀，多了風霜，在我不經意之間歲月偷走了某些東西，這些東西說多也多、說少也少，不快不慢的在我轉身之後才發現。

少年夫妻老來伴，以前看著他們兩個，總覺得這是一句未雨綢繆的話，總覺得他們還有很多的將來。殊不知，原來現在就已經是他們的將來，他們拚搏的人生到了一個段落，在該含飴弄孫的年紀我卻離家數十年，我似乎還來不及長大，他們就老了。

歲月就是這麼一個這麼無情的東西，不知不覺就把歡笑偷走了，不知不覺就把童年偷走了，不知不覺就把年齡偷走了。當我希望成功、追求總有一天衣錦還鄉的時候……

回過神，火車站的貓，原來早已不是曾經那一批。跛著腳的小黃、毛色稀疏的小黑、愛吃的小花通通不見，剩下的只是我錯過的一切。

樂爸吆喝著。我們拿著遶境旗，走進人潮洶湧的大甲。

赫然驚覺，原來歲月不會永遠等在哪裡，每年的這九天，也許是一段跟爸媽相聚最長的時光。

風吹起了一地炸紅的炮，異鄉的遊子回家不用任何的理由，但是不回家卻有一百萬個藉口。

我仍感恩著，能與家人團聚、相處。

捧在手裡的沙，永遠不會知道流失了幾顆，赫然低頭才發現，已所剩無幾。

關於承諾

在這一段路上，有一句話是我不太敢說出口的。

猶記得第一年去走大甲媽祖，是為了想要體驗這一段路，失敗後的隔年是抱著一種不服輸，要捲土重來的意志力上路的。但我完成了遶境之旅以後，「明年還要不要來」的問題，就開始在我的腦海裡面縈繞不去。

在大甲鎮瀾宮的廟埕外，大家拍完了照，突然有一個大姊走過來跟我說：「掰掰，明年見。」我無意識地舉起手來跟她揮了揮，一句話說到嘴邊又收了回來。

這位大姊我並不認識，只是差不多時間點回到鎮瀾宮，大家腳程差不多，路上多少也有看過幾次，但這一路上幾次的對眼也沒讓我們有太多交談。這一句話或許是走完全程的喜悅使然，卻讓我有著深深的感觸。

小的時候我總是很害怕離別，每次校外教學回來，在遊覽車上老師要大家分享這一趟旅程的心得，我總是用沉默應對。因為我覺得，每一段旅程結束時的那種氛圍格外令人傷感，不管是國小、國中、高中的畢業典禮都一樣。

尤其是高中，想起那天大甲高工的活動中心裡三年級學長即將畢業，原本我們練了一首吳奇隆的「祝你一路順風」要送給學長，但後來老師們考慮到場面太過傷感，臨時叫我們別唱了。

殊不知，當學長們走向校門，準備離開孕育了他們人生中最精彩時光的母校，我們這些二年級的學弟還是忍不住扯開了喉嚨，高唱著歌。目送著學長消失在甲工木棉道的盡頭，身邊每一個人都用力揮手大聲說著再見，我也不例外。

一直以來我都不喜歡離別，但是隨著年紀增長，漸漸發現每個人都是彼此生命中的過客，有緣則聚、無緣則散，強求不來，也就慢慢地釋懷了與人道別這件事情，在離開時也不吝嗇給對方一個大大的擁抱，並且衷心期盼地說出再見。儘管人生無常，但還是期盼著在生命中可以有再見面的一天，能再見，就是福。

這趟旅程的每一段路，無數次印證那句大家很愛說的話——「台灣最美麗的風景是人」。這句話的精神在這場盛會中被體現的淋漓盡致，我們不管去到哪裡總有很多人熱情地招待我們，無論是出借浴室洗澡、送點心、拿藥膏貼藥布等等，甚至好心的滿足我們各種民生需求。短暫停留之後總是要繼續上路，而這時幾乎每一個人都會熱情主動地跟我們揮手說再見。

不過每次有人跟我說再見，我卻總是「頭犁犁」，推著車快步往下一個目標前進，頂多就是揮揮手，從來不敢大聲地回應說出「再見」兩個字。因為這就是我這些年，在這段路上一直不敢說出口的兩個字。

這簡單的一句話卻讓我誠惶誠恐，一方面就怕在這段路上失了信約，二方面也怕明年真的要來兌現我去年的話。儘管我走了六年，仍沒有十足的把握，明年是否能夠戰勝心智體力，再一次義無反顧地投身旅程，然後真的跟誰好好的說上一句再見。

或許對我來說，不說再見，沒有離別，可以自以為是地把受人涓滴恩惠的情感屏除在外，將這些人當成陌生人，以免產生太多

2018 年回程路經美麗的彩繪。（攝影：王家興）

的情感悸動。讓我可以在想起那寒冬送湯、笑著為我開啟一扇方便之門的陌生人臉時，假裝忍住落下的淚水，壓抑那一股被人幫助時的感動，強調自己是個冷漠的人。

只是這種人與人之間的溫暖，就算是座冰山也給摀熱了。是人就有七情六慾，尤其是在最痛苦無助的時候，一碗熱湯，一顆熱地瓜，簡單感受從頭到腳被那份溫暖給包圍。

不敢說再見，不是因為不想見，而是因為害怕觸碰到心裡那塊柔軟的區域，所以我努力保持沉默。只是每一年走過那些受過幫助的地方，我總會忍著溢滿的情感，多看兩眼報以一笑，那可能是一個毫不起眼的騎樓，也可能是一個清冷荒涼的亭子，卻堆積著每一年的情感。

低頭走過，點滴於心，哪怕一瓢一粥，無論見與不見，永不忘記。

我學到了，承諾。

為什麼走了六年

這本書還沒動筆之前，我就被很多人問過這個問題。在與編輯討論的過程中，再度被提及這個問題，所以我想仔細地探究，到底是為什麼？

起初的原因很簡單，因為我是一個如此要強的人，遭遇第一次失敗之後，隔年勢必捲土重來。

不過我也如實完成了旅程，為什麼還要走第三年，第四、五、六年呢？

難道是為了陪樂爸完成那個願嗎？

那麼樂爸還完願之後呢？

第七年、第八年、第九年，我是不是還要走呢？

沒寫這本書以前我還真的沒有答案，但是行筆至此，內心似乎有了答案。我想不管是第七年、第八年還是哪一年，只要能去走，我就還是會去，原因是我覺得這就是一段學習的旅程。

在還沒出發以前，我以為天上地下唯我獨尊，活在自己的世界裡，認為只要我想做，就沒有做不到的，套一句年輕人的話，就是「中二」。

這七年下來我學到了好多好多，並且知道還有太多是我還沒學到的，繼續走下去我可以學到更多，也會有更多的體會，這一段路彌足珍貴的不僅僅是回憶、經歷，還有一年又一年學到的認知。

人生在世總有高潮與低谷，然而走在這一段路上，路旁的人們不會因為你事業飛黃騰達、叱吒風雲，就對你另眼相待，哪一次不是只要人家願意借個廁所讓你方便，就感激涕零，

第 6 年在林老師家祝壽留影紀念。（攝影：王家興）

鞠躬鞠到腰都彎了。

路上的人們也不會因為你的不如意，生命中遇上了低潮就對你嗤之以鼻，不論如何失敗，碰到了怎樣的難關，熱情的人們一樣會為你送上一碗熱湯，燦爛地說一聲加油。

我總覺得讓生命沉澱也是一種學習，不論在生活中、事業上碰到了多少的風雨，走在這條路上學會讓自己沉澱下來，去觀察身旁周遭的人、事、物，感受一下在生活中難以感受到的一切。

哪怕只是路邊一個不起眼的破涼亭，可能都曾經擠上一堆人在那聊天休憩，靜待著流年似水，三百多個日夜之後媽祖婆再次起駕遶境，人們再次聚集。

一代又一代，學到了很多，放下了很多，儘管這一段路上需要承受媽祖婆各種嚴厲的考驗，但我們都深信著，發生過的，都是好的。

流年似水、我如頑石，激起了浪花，是年少的固執；磨去的稜角，是歲月的鞭笞。

接下來，為母親而走

我在台北趕往台中的路上，國道三號上沿途美麗的景緻不斷倒退。

車子直接開進台中榮總，二〇一九年的農曆新年前，家家戶戶張燈結綵、喜氣洋洋的準備迎來新年，而我帶著新婚的妻子趕赴醫院，這個一般人在過年不願踏足的地方。

上了六樓，整層都是泌尿科病患。樂媽坐在病床上，樂爸看著我們風塵僕僕地走來，二話不說便語氣沉重的告訴我們是膀胱腫瘤，確診之後樂媽已經第一時間請榮總的泌尿科主任幫她手術切除了。

「嗡——」耳邊彷彿當年在部隊時第一次上靶台，扣響板機的瞬間，耳鳴轟的我頭暈眼花。我雖然不是醫藥相關科系，也沒有什麼醫學背景，但至少對一些名詞還是有基本概念的。

腫瘤就是癌症，沒什麼懸念或者轉圜的空間，我感覺好像一把刀子直接逼到我的脖子邊，頂住咽喉讓我幾乎要喘不過氣。我不是笑看功名如塵土的人，但也不是無欲無求的個性，癌症這個本來應該只在衛教手冊裡出現的名詞，怎麼會突然降臨在我的身旁？

無數的可能性閃過腦海，從小我奶奶就拉我去算命，算命師曾說我不會乖乖待在家裡。後來上了大學就離家，歷經四年的求學生涯，一年的軍旅生涯，出社會後北上求職，十多年都不在家裡，只有假日偶爾回去看看父母。

慢慢地他們老了，我長大了，樂爸樂媽兩個彼此依靠，照顧著對方，我也結婚成家，這樣的生活模式持續了好一段時間。現在看著樂媽病倒，我開始滿腦子瘋狂思考，是不是該把工作辭了回家？但是台中並沒有適合我的工作，除非全職寫作……可是生病更需要用錢，留在台北似乎更能保有穩定經濟狀態支援家中。

滿滿的兩難在腦海中拉扯，好像一個十字路口在我面前，卻無法義無反顧地去選擇哪一條就是正確的道路，我的心情無助徬徨，就好像有人把整條路的燈全關上了，我必須摸著黑去作出選擇。

「為什麼會這樣？」

這個問題，不只我，樂爸、樂媽這段日子以來也問了不下千次，但事實就是如此，為了不讓我擔心在路上趕路，所以樂媽甚至沒跟樂爸討論就自作主張的將腫瘤切除了。

手術雖然成功，只是腫瘤切除並不像割除瘜肉般單純，後續我們還要等切片報告，檢查是惡性還是良性，有沒有復發擴散的可能。

樂媽苦笑著說，她把心肝脾肺腎全都照顧得很好，唯一沒照顧好的就是膀胱。為了這個家，各種貸款與經濟壓力，這些年她工作起來就像不要命了一般，水喝不多也不常上廁所，畢竟服務業性質難免這樣，客人來了哪能讓你說去廁所就去，尤其這份工作是她的熱忱所在，十六年來如一日。

樂爸說，這段時間以來樂媽說了很多次，如果切片報告出來後是良性，那就這樣就好，當作一個壞掉的肉切除了就沒事，以後會多加注意。但若不幸是惡性，之後還必須二次、三次灌藥，真的不行還要化療。樂爸說到這裡，換樂媽自己告訴我們，她不想因此拖累我們家，那她就不治了。

聽到樂媽這麼說，或許知子莫若母，樂媽也知道我的難，我的人生才剛要起飛，娶妻生子、成家立業，誰不想看到自己的孩子有一番成就，在這種正值衝刺的時刻，毅然決然放下一切回家，並不是一個最好的選擇。

但是……不管我飛多高，有多少成就，如果沒有人可以分享，如果沒有在意的人，那擁有的這一切，又有什麼意義！還記得當年奶奶過世，她最後始終沒有等到我娶妻就壽終正寢，人生路上有好多好多事情，期待著有人分享，期待著有人一起渡過。

樂爸的臉像被揉皺的波浪紙，多愁善感如他，緊緊抓著自己的雙臂，本來就瘦的體型，此刻像根在風中飄逸的殘燭，好像一吹就要化了。

不知為何，此刻心中響起了那首江蕙的「落雨聲」。以前我搭著火車回家，過了竹南，看到海線一大片的田野矮房，遠眺台灣海峽的蔚藍就知道家鄉到了，然而家鄉是因為總有父母親在，看著總是為我擋風遮雨的父母，現在圍繞著一片無助與悲傷。

我跟樂媽說，沒有不治的道理，她才五十多歲，只要身體能好難道還在乎一頭漂不漂亮的頭髮？家裡沒錢，反正我有在賺，加上她年輕時買的保險，說什麼也要鬥上一鬥。樂媽從小就是在台中港長大的，上一輩人用性命跟大海拚搏，這一輩人難道反而沒有跟自己身體搏鬥的勇氣嗎？說什麼拖累不拖累，小時候是她渡我，長大了是我渡她。

我的外公，樂媽的父親死於肝癌，年紀輕輕便撒手人寰留下三個孩子，聽樂媽說外公死前脾氣很差，身體變得瘦弱，簡直是行屍走肉，但是炯炯有神的眼中卻透著強悍的鬥志。當生命走到最後他拉著樂媽的手說：「阿梅，那細妳欸讀，看要讀多高，多桑絕對把妳盛到多高。」

在那個年代，女子無才便是德，嫁人生子、操持家務才是正道，國小畢業就進工廠的比比皆是，但外公卻這麼跟母親說。只可惜，這是一句永遠無法兌現的話。我想或許樂媽是想起外公臨終前那滿是哀愁的無奈吧，但現在的醫學已不是當年可以比擬，一代人傳一代人，哪有放棄的道理。

或許是想轉移沉重的氣氛，樂媽開始了一連串的抱怨，本來台中榮總兩位醫生還說她這個是婦女病，然後到處轉診，最後泌尿科主任一看到X光片馬上就確診是腫瘤，並且立即安排開刀。

我們靜靜聽著樂媽抱怨，然後一起罵台中榮總那兩位醫生，也安慰樂媽，發現了就面對、面對了就解決。

隔壁床的大媽帥氣的轉過身來，對我們說她也是膀胱癌，而且整顆膀

四口之家，求的只是一個平安的笑容。

胱摘除，還需要洗腎，她都沒放棄了，樂媽精神還這麼好哪有放棄的道理，只要加油、樂觀，一定可以好起來。

大家抱怨完，病房靜了下來，我們辦了出院手續，回家過年。

二月十五日我們特地請假回家，小小的診間裡擠了我們一家四口，X光片顯示在電腦螢幕上，樂媽確診一大七小共是八顆腫瘤，手術當天就已全數刮除，嚴格說起來算是早期，不用摘除、也不用切除部分器官，已算是不幸中的大幸。但是根據國際醫學實際臨床經驗報告，第一期膀胱癌三年復發機率是三〇％，五年復發機率是六二％，是一種非常高復發機率的癌症，接下來需要接受六次化療，盡量壓抑再發的可能性。

樂爸緩緩地將手伸到樂媽肩膀上，輕輕捏了捏，然後跟她說：「早期啦，還好是早期啦。」我們一家子都沉默著沒有說話，或許醫生在這小小診間裡看過太多悲歡離合、生老病死了，並沒有太多情緒化的反應，只是靜靜地跟我們說，其實只要保養的好，現在手術完就痊癒的也是大有人在。

樂媽似乎樂觀不起來，不斷追問著醫生如果再復發怎麼辦？

醫生沒有隱瞞的告訴我們，那就算是第二期膀胱癌，必須要將膀胱摘除。

離開診間，我們將申請重大傷病卡的流程跑完，一路上努力地想讓樂媽盡量開心一點，卻發現好像什麼玩笑話都沒有用，她以前的那一份樂觀、衝勁這時好像全都從身上消失了。

雖然我這麼說可能不夠客觀，但我總覺得自己能夠理解樂媽的心情。其實嚴格說起來，第一、第二期膀胱癌並不是絕症，最糟的狀況就是把膀胱摘除掛尿袋生活，不像肝癌、胃癌這一類的癌症，得到之後死亡機率高的嚇人。但我想最打擊樂媽的，是因為她通過中醫師檢定考試，在藥局工作了一輩子，跟人聊了一生的醫藥保健，現在癌症卻發生在她身上。

回家之後，驕傲的樂媽像是被擊垮了一樣，笑容少了，《地藏菩薩本願經》念的多了，一篇兩萬多字的十三篇經文，樂媽從年輕時疑似乳房囊腫後就開始念誦，直到今日已過十六年，十六年來這篇經文她倒背如流，我們看著她默誦經文，只是勸她要樂觀。

不管我們怎麼說，怎麼開導勸解，儘管樂媽自己也知道，她的膀胱腫瘤已經刮除，現在的膀胱是健康的狀態，未來要做的就是好好保健身體，不要讓那復發機率又再度發生就好。可是旁觀者清、當局者迷，或許站在她的立場去想，如果這個疾病發生在自己身上，我大概也沒有辦法冷靜理性地思考與面對。

大年初一的鎮瀾宮，人聲鼎沸，就跟媽祖婆要起駕遶境般的熱鬧，我與妻子拿著香擠過人群，燦爛的陽光灑在天公爐上，香煙裊裊，我跪在媽祖婆面前，叩首下拜，額點地。

誠心誠意，大事化小、小事化了，弟子願走三年，只願母親能平安化此劫、渡此難，歲月靜好，無災殃。

後記　一路上，感謝有你

這一段路上，其實有太多付出不求回報的人了。要一一感謝，我覺得再給我十萬字的篇幅也感謝不完。

就好像書最前面提到，跟康走的第一年，剛從大肚萬興宮出來，路旁一個阿伯就大老遠從田地裡拿了兩顆熱騰騰的烤地瓜給我們。講句老實話，這麼走了六年，路上奇奇怪怪的東西也吃了不少，但我從來沒有再見到過那位阿伯，也從來沒有人在那個地方拿烤地瓜給我們吃。

還有彰化溪州水尾鄉鎮威宮的鄉親，每年一到遶境的這段期間，就全村動員出來幫大家煮豆漿，古早味豆漿配上軟綿綿的饅頭，讓我們這些歷盡風霜的隨香客可以好好

彰化溪州水尾鎮威宮全村動員煮豆漿。（攝影：王家興）

休息一下。他們不怕我們喝，就怕我們沒喝到，沒喝到就要再等一年，純手工古法製造。

還有龍井的咖啡攤，每一年到這邊都是凌晨三點多，主人家總是熬夜幫大家煮咖啡，一大群人就坐在這裡休息，喝著黑咖啡，吃著水果沙拉。然後八天以後大轎回鑾，他們又在對面開始營業，讓我們又可以喝到熱騰騰的黑咖啡。打從我開始走這段路他們就在這裡，雖然我們始終不認識，雖然一年才見一次面也沒能說上幾句話，但仍然由衷的感激。

還有太多太多……說也說不完……最後要特別感謝蔣先生的番薯團。

他們不僅做帽子、炸番薯，還全家動員

這種景象，在這條路上比比皆是。（攝影：王家興）

徒步遶境，而且往往大轎第九天進大甲城，第八天他的攤位人客就絡繹不絕了，也讓我們這些提早走回大甲的隨香客，在即將進入大甲的時候有個熱騰騰的番薯可以補充體力。

我第三年走完那一次，印象很深刻的是在番薯攤聽到一個大叔，一邊吃著蔣先生的番薯，一邊感慨的說：「每一年只要吃到這個番薯，就表示我回來了。」我不知道他的意思是「終於走完這九天了」，還是「怎麼九天就這樣過去了」。

總之蔣先生頭頭是道的說著他的炸番薯，樂爸跟他聊的挺投緣，我裝作很認真聽他說，但意識其實早就飛到雲遊九霄外了，蔣先生是幾十年的隨香客也不介意早已累翻的我，熱情地招呼路上隨香客去了。

僅以本書獻給所有大甲媽祖的信徒，曾經陪我走過的康文耀、洪嘉明、甘聰烈、蕭昌郁，以及林班長的鐵桶隊、洪大哥的千萬團、蔣先生的番薯團、嘉義的林老師，還有路上

供桌上豐盛的供品。
（攝影：王家興）

每一位提供資源，參與這段百年香路的所有人，在此深深由衷感激。

感謝樂爸王家興對本書的大力支持，幾乎八成的照片都是專業的樂爸所提供。感謝本書編輯小孟企劃完成這本書，當初走了六年一直覺得該寫點什麼，卻遲遲不知該如何下筆，當她找上我給我這份提案的時候，內心又驚又喜，滿懷感激。

寫了一百本書，這大概是我寫過最不用想像力，最真實也是最簡單的一本書，但是這本簡單的書，卻花了我七年的時間去體會。

即便過程有過崩潰、有過痛苦、有過歡笑與淚，都在我的生命深深的刻了一段永銘在心。

最後……

夜深了，我又該啟程了。

2015 年大甲溪橋頭的番薯攤。
（攝影：王家興）

《附錄》跟隨遶境活動的小建議

計畫與節奏

如果你看完我的書，也想要跟著大甲媽祖去遶境，那我會感到非常榮幸。

只不過這畢竟是一段不算短的旅程，所以不論是開車、騎單車或徒步都必須做好計畫，事先計畫非常重要，可以幫助你控制這九天的節奏。

就好比阿伯他走了二十九年，他的體力肯定不如你我，但是他卻有著獨自的節奏，除了不需要看導航就知道要往哪裡走之外，他也大概知道，自己現在走在大轎前面約莫多遠的距離，知道可以休息多久，知道哪裡可以睡覺、洗澡等等。

一般來說除了媽祖婆的大轎定位之外，很多事情都是網路上查不到的，所以建議行前多做一些功課。

其實私心的說，我們走全程徒步的隨香客都不喜歡公開自己的行程步調，原因是路上的人真的很多，有些地方自己知道就好，比較沒有人會跟你搶廁所、浴室、休息的地方。

不過在此就以我自己為例大方分享啦，第一天大約是下午六、七點左右從大甲起馬出發，一路輕鬆推進，步伐絕對不搶快、不硬撐，累了就休息。就算不累，也會強制自己走到清水就坐下來休息個半小時左右，反正長路漫漫，第一個到嘉義也沒有獎盃，前進的節奏很重要。

約莫隔天下午三點多能夠進到彰化，在這途中可以找地方睡覺，一次一小時，大約睡個三次左右，地方隨意，看到地板乾淨不會曬到太陽，就可以把地墊鋪下去打滾了，管他是路邊還是水溝旁。

萬分感激南興游泳池開放給信眾洗澡。

國道三號的橋墩下，中午吃飽睡在這裡，涼風吹來根本就是總統套房。

隔天來到南瑤宮，我們反而不會休息，因為南瑤宮的人非常多，所以參拜完就繼續往下走。下一間宮廟是彰化的修水岩，距離南瑤宮步行約半小時，旁邊就是南興國小，後面的南興游泳池有開放提供洗熱水澡，洗好澡再到國小的走廊上睡覺，整理自己的雙腿，到這裡算是結束第一天的行程。

睡到晚上六、七點起床繼續往下一站前進，這樣算是第二天的開始。第二天的身體狀態不管誰都一樣，絕對比第一天更差，尤其會看到很多從彰化開始走的隨香客健步如飛，這時絕對不可以受他們影響。切記遶境就跟人生一樣，每個人的起跑點不同，終點也不同，走好自己的路才能走得遠。

第二天我們會趕到員林火車站睡覺，如果趕不到，在路上大約可以睡兩次一小時左右的覺，真的累了找好地方就睡，不要勉強自己的身體，節奏很重要。

隔天下午也是大約三點多可以到西螺，很多攝影同好都喜歡在西螺大橋的另外一邊

在空無一人的夜晚推著手推車前進，已經是這九天八夜的日常。

等著隨香客到來，樂爸常笑說，他這三十幾年來都當攝影人，沒想到現在卻成了影中人。

過西螺大橋之後，很多人會在西螺鎮的各個宮廟找地方休息，我們會去五金行跟商家借地方洗澡，或者你也可以去慈惠堂，他們有提供熱水跟房間，歡迎隨香客入住。按以往的經驗房間通常是搶不到，但我想洗個熱水澡還是沒問題的。

晚上大轎進西螺，砲聲連天大概也不用睡了，約莫六、七點就起床，開始第三天的行程，往嘉義推進。

第三天的身體狀態差不多就是那樣，痛苦會來到一個臨界點，然後就不會繼續痛苦下去了，因為腿不聽使喚、腰也不聽使喚，總之就是拖著身體往前走就對了。

當然路上還是會看到很多新加入的生力軍健步如飛，仍是那句老話，每個人的起跑點不同，走好自己的步調才是重點，就像老一輩人說「比的完、比不盡」，走好自己的節奏才是最重要的。剛出大甲時很多人會去拚一口氣，結果才到彰化氣就沒了，第三天出西

第一年過西螺大橋的合影，這座橋徒步要走約莫一小時。（攝影：王家興）

螺，其實誰也拚不了這口氣，還能夠繼續往下走，就已經是很了不起了。

第三天也就是要進嘉義的這一天，我會盡量保持節奏到土庫前不要輸大轎，晚上就少睡一點多走一點路。如果真的被大轎追過去也不要緊，反正嘉義奉天宮就在哪裡，記得路上水多拿兩瓶，也要做好隨時被大轎追過的心理準備，畢竟最後一天鎮瀾宮轎班都趕得滿快的。

在此也奉勸大家，千萬別想說轎班是人，我也是人，他們還扛轎子，沒道理走輸他們這種心態。必須講一下，鎮瀾宮轎班是三班輪替，我們一個人的體力、精神是不可能正面跟他們比拚，除了停宮廟時間外，大轎二十四小時不休息，所以被追過去是很正常的。過了土庫之後嘉義就快到了，壓力比較小，別讓自己的身體綳太緊。

最後差不多也是下午三、四點可以到嘉義新港，除了奉天宮後面可以休息外，也可以到新港國小找沐浴車，打點好自己以後就可以安心睡覺，等隔天的祝壽大典。

而幸運的我因為有阿伯帶領，在新港奉天宮後有認識

每年都在林老師家祝壽的一大票人，我與阿伯。（攝影：王家興）

一位林老師，所以每年到了新港，阿伯的鐵桶隊總是會到林老師的家中打擾一宿，大家出點錢，煮個飯、然後一起慶祝媽祖婆生日這樣。

回程的壓力比較小，而且一般來說能走得到嘉義就能走回大甲，所以第五天下午差不多六、七點我們就會開始回程。怎麼去就怎麼回，第五天晚上一樣走原路回西螺，回程大轎沒有停慈惠堂，所以到這裡之後人比之前少，可以到慈惠堂洗澡、睡覺。

第六天走過明道大學、埤頭合興宮、走回北斗奠安宮，算是這九天八夜裡相對輕鬆的一日，我幾年的經驗下來，差不多知道沐浴車都停在北斗國小側門，所以早早到埤頭，就早早的去找沐浴車洗澡，好好放鬆一下。這一天可以睡到晚上七、八點，等到被迎接大轎的鞭炮吵醒再上路。

第七天北斗到彰化，路程也因為昨日被北斗縮短了這一段路的緣故，所以相對的壓力沒這麼大，路上可以休息睡個三次一小時左右的覺。進到彰化以後，彰化縣議會外有一輛沐浴車可洗澡，洗好澡可以直接到議會裡面睡在走廊上，一樓沒位置就去二樓，通常不難找到棲身的角落。

第八天從彰化出發以後，我會一口氣走到龍井的極限羽球館，然後直接睡到清晨六點，早到早睡，精神體力養足好回清水。因為我是清水人，所以到家以後當天晚上就直接睡在家中，又或者不走第九天，第八天就拚一點撐回大甲跟媽祖婆說要「下馬[2]」回家休息。

由於第九天大甲媽祖回鑾的人潮非常洶湧，除了番薯團的蔣先生在大甲溪橋頭擺攤，我必須提前一天去才能跟蔣先生聊天吃番薯之外，還有一點很重要的是走了八天，身心靈都瀕臨一個臨界點，要是弱不禁風地跟著人潮擠進大甲城，怕容易在人群踩踏中受傷。

好，回到鎮瀾宮後跟媽祖婆下馬報告，就算是完成這九天八夜的徒步遶境之旅了。

我分享自己的節奏，只是提供有興趣想要一同參與九天八夜，卻又不知該如何著手的人一個方法，並不代表我的節奏就是正確。說到底不論什麼節奏與方法，能夠完成這一段路，就是好的方法。

2016 年歸來，下馬完。
（攝影：王家興）

2　下馬：回到鎮瀾宮之後，跟媽祖婆報告這九天八夜已經跟祂到嘉義遶境回來，感謝祂這一路上的庇佑，說說你想跟媽祖婆說的話，最後報告要在此下馬回家休息了。

樂爸的手推車製作教學

記得二〇一八年徒步遶境的途中遇到一位大姊，走過來問我的手推車是怎麼做的，我跟她說手推車是爸爸親手做的，結果大姊建議我們多做幾台手推車放在路邊賣，肯定生意很好。

我當時面有難色實在不知道怎麼回答她，畢竟這手推車起源於阿伯，阿伯的初衷是覺得方便之外，就算在路上被小偷推走，裡面就是一些髒衣服，車子也不是高級材料，所以不會心疼。

我們走這一段路，從來也沒想過要做生意，路上兩旁這麼多發送食物的信徒也從來沒有收費過，雖然說賣手推車可以給信徒方便，但畢竟有買賣就有收入、有金錢往來，算是商業行為，不管是車子的保固也好、使用狀態也好，難免多少會產生糾紛，即便我們保持初心，但最後也很難不背離初衷。

因此藉這本書的機會，把樂爸製作手推車的照片公布出來，要是大家有興趣可以跟著一起做。或許這趟不輕鬆的旅程，很多事前的準備工作，應該是每個人都要認真地去完成，而不是只想到了大甲用金錢解決就好。

首先，五金行都有在賣這種推車，一般是人家拿來送瓦斯的，樂爸自己改良，請鐵工廠在前面多焊接一顆輪子。

我知道這個步驟光是找鐵工廠焊接，肯定已經難倒很多人。沒有關係，如果你真的沒有這方面的資源，也可以考慮直接買菜籃車，或者在五金行找找看有沒有合適的手推車，方便就好。

不論是菜籃車或手推車，建議後面的部分可以多接一個手把，簡單用束帶綁起來就好，主要的功能是讓你在行進的過程方便換姿勢。不然長路漫漫，一直用同一個姿勢推，手腕肯定會很吃力。

用束繩綁個手把。

焊接示意圖，一塊鐵板上面鎖上塑膠輪。

五金行都有在賣的推車。

右起第四台，就是非常簡單的菜籃車。

樂爸的改法是多一個單把，功能是讓這台手推車變成可以單手推，比較好控制方向，在人多的地方也比較能夠靈活閃躲。

雖然我們叫鐵桶隊，但是為求方便，可以直接在大賣場，購買一個有蓋子的塑膠箱子，可以放進行李即可，主要功能是為了防雨。如果你準備的是菜籃車，肯定是四面簍空，為了起到防水的效果，最簡單的作法就是放一個大的垃圾袋，若是遇到下雨直接把袋口綁起來就可以了。

如果覺得塑膠箱子有點透明，裡面東西被看見不太好意思，可以

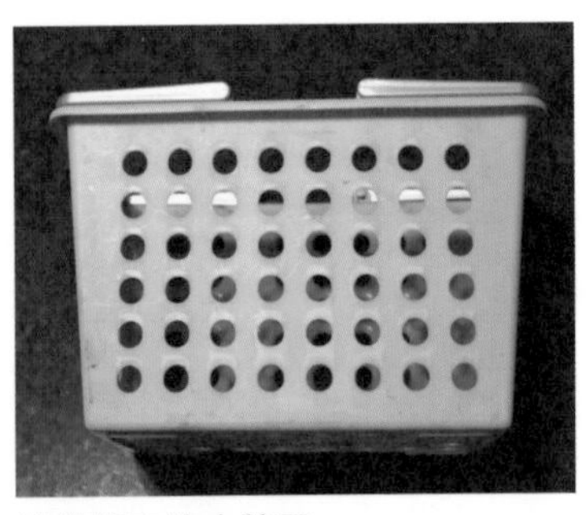

準備簍空的小籃子。

切記照明非常重要。

買一個防水的塑膠箱。

找個大貼紙把外面都貼起來，然後最外面貼上一張平安符。因為這一台車子，接下來九天八夜會扮演非常重要的角色，所以它也需要一張平安符。

然後是買個小籃子，可以隨意綁在手推車後面，用束帶綁緊就好，它的最主要功能是用來放食物、飲料，因為路上信眾非常熱情，肯定會有拿不完的補給，為了怕三更半夜沒東西吃，我們都會拿一點點東西放這裡面，當作存糧。

但是記得盡量找像這種簍空的，不然一旦遇到下雨，放在裡面的麵包、素粽就會糊掉。

路上很多人會發小警示燈，記得把它們通通掛在手推車上，然後請記得帶手電筒，因為這一路上很多地方非常漆黑，再加上我們大多是在晚上行進，所以這些燈是給來往車輛看的。

雖然路上有人會發，但若是自己有事前準備就記得多買一些，把路上人家發的警示燈留給更有需要的人吧。

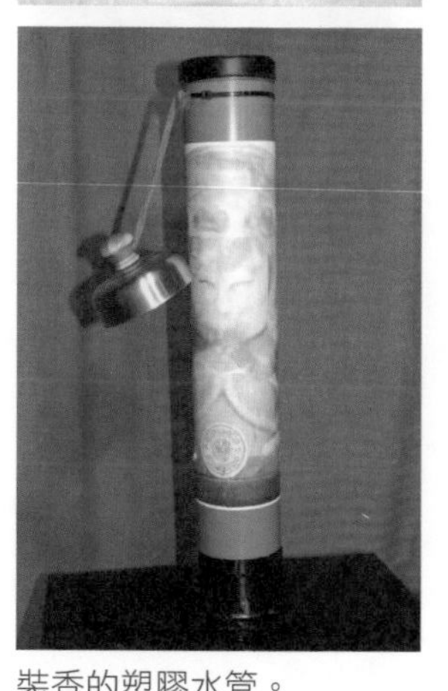

裝香的塑膠水管。

這個塑膠圓管，在九天八夜的路上非常吸睛，不知道被問了多少次，這個是什麼功用。其實這裡面，主要是用來放「香」的。

因為一路上會去的宮廟非常多，這段時間各宮廟的香用量很大，所以我們就自己帶香。私心的說也可以用好一點的香，畢竟很多地方一年才來一次，一爐一炷清香，誠意為先。

旁邊有一個蓋子是樂爸自己加工的，主要也是用來防雨，這樣才不會讓裡面的香受潮，當然如果不這麼講究，拿膠帶把洞口貼起來或者整包香放進去，遇到下雨綁起來也是可以的，基本上這樣就算是完成了

樂爸說為了要看後面的來車，所以加裝了後照鏡，如果想要多拿一點吃的，就在後面多裝幾個置物籃。因為樂爸攝影三十多年，所以自己輸出一張媽祖婆的照片放在正面。

當然路上手推車百百款，如果自己有興趣，也歡迎你研究改車跟我分享心得。

手推車完成圖・背面

手推車完成圖・正面

徒步第三年的鄭晴譯，他的車就是超級陽春款，直接拿膠帶把包包套起來防水，然後找一個類似宜家在賣的手推車，綁起來就可以上了。

蔣先生的番薯團，他們全車還加上避震系統。

左起作者，鄭晴譯、晴譯的舅舅。
（攝影：王家興）

後面那一台手推車還加裝陽傘。
（攝影：王家興）

宮印、平安符與進香旗

其實不管用什麼形式跟隨這一趟旅程，這三樣東西幾乎是大家共通的。每個人都會在大甲鎮瀾宮買一枝進香旗，然後一路上到各間宮廟就會綁上平安符、蓋宮印，象徵著一路保平安。

在徒步遶境的隨香客口中，大家如果聽到有人是第一年要來參加徒步全程，都很喜歡問有沒有去鎮瀾宮「擲筊」。因為聽說大甲媽肯給你「聖筊」的話，那表示你今年一定可以完成這段挑戰，如果媽祖婆給你「笑筊」的話，表示媽祖婆只是笑一笑，這趟路肯定會有諸多磨難跟考驗。

雖然這是一個比較迷信的說法，但老一輩都說要是擲到聖筊，就表示媽祖婆同意讓你去，而且一路上會有天兵天將圍繞在你的進香旗上，保護著你一路平安，給你足夠的勇氣去完成這一段路。

而進香旗上要寫上你的地址，說是這樣天兵天將才知道你家住在哪裡。其實這些年下來我們都知道，進香旗這種東西非常奇妙，說起來這東西就是一根鐵桿加上一塊布，成本頂多幾十塊錢，但是祂卻乘載了我們的希望與力量。一路上也沒有人會去偷拿這個東西，因為對別人來說這東西沒有絲毫價值，可是在我們的心中卻比千金更重。

另外是宮印與平安符，這兩樣東西主要是保祐我們平安，拿到之後到香爐過火繞三圈，可以得到神明加持的力量。至於最後的處理方式就眾說紛紜了，有一說是遶境下馬到家後，就要馬上把這些平安符燒掉，也有一說是這些符要留著，等到你明年再來參加遶境前，再把這些平安符燒掉就好。

總之公說公有理、婆說婆有理，還是那句老話，媽祖婆從來也沒有開口說過什麼才是正確的，要怎麼處理都是人講的，我還是相信心誠則靈，重要的是尊敬與否，而不是爭執什麼才叫做正確。

在這裡要特別提一下有關進香旗的小知識。香旗、平安符不可以拿進廁所，老一輩的說法是，因為廁所屬於比較汙穢的地方，所以旗、符這種神聖的東西，不要拿進去比較好。

如果要上廁所，記得請人幫忙拿一下，或者放在廁所外面。還有稜轎腳的時候，也記得把進香旗拿起來，不能夠跟著一起趴下去。

進香旗與平安符，一間宮廟一張符。
（攝影：王家興）

水泡應急處理

藉著這個機會，也把這個方法教給大家，或許這不是什麼正統的治療方法，但是至少在遶境途中遇到腳底起水泡，可以稍微先緩解痛苦，找到醫療團後再做更適當的處理。

步驟 1　拿出針線包。文具行、五金行都可以買到，就算沒有先準備好，路上也不難買到。

步驟 2　把針拿出來。可以用打火機把針烤紅消毒，如果真的沒有，直接穿線也是可以的。

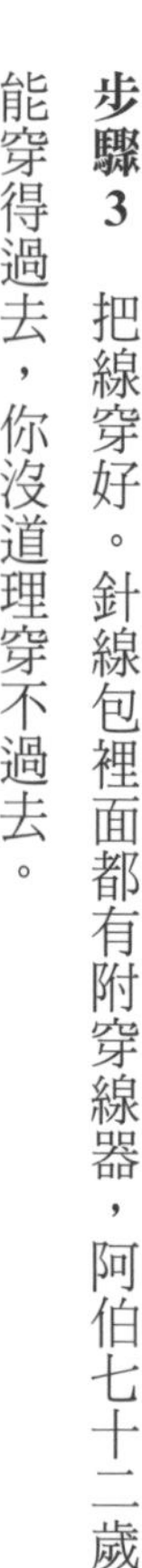

步驟 3　把線穿好。針線包裡面都有附穿線器，阿伯七十二歲都能穿得過去，你沒道理穿不過去。

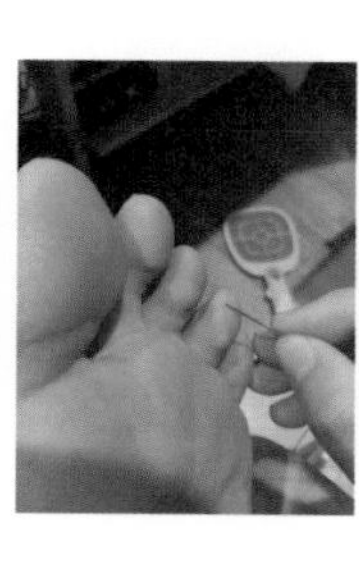
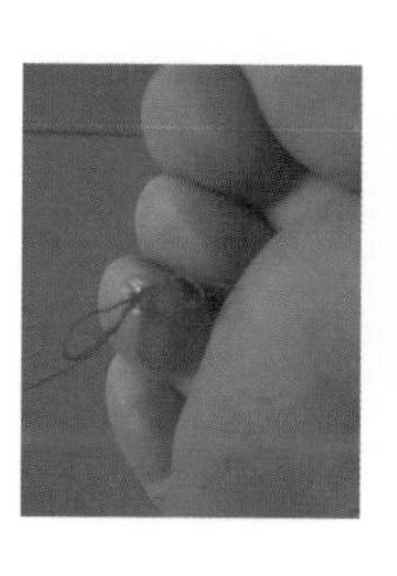

步驟4　把線抹上面速力達母。這動作主要是為了殺菌，當然如果真的沒有面速力達母，用別的藥膏代替也是可以。

步驟5　對準該死的水泡。盡量貼準水泡最底部，如果只是穿過水泡頂端，走久了底下還是會再長一顆水泡出來。

步驟6　大功告成。把線剪斷，最後把傷口貼上ＯＫ繃，休息三十分鐘即可上路。

別人幫我們穿，那算是侵入性治療，會有醫療法規的問題。如果是自己動手，你愛穿幾個洞就穿幾個洞，沒有人會多說什麼。

希望這個方法，可以幫助到邊境途中為水泡所苦的大家。

心視野系列045

與媽祖有約

每位遶境者背後，都有個約定的故事；每年的徒步之旅，都是一堂心靈成長課

作　　者　宴平樂
照片提供　王家興
總 編 輯　何玉美
主　　編　王郁渝
編　　輯　簡孟羽
封面設計　張天薪
內頁排版　顏麟驊

出版發行　采實文化事業股份有限公司
行銷企劃　陳佩宜・黃于庭・馮羿勳・蔡雨庭
業務發行　張世明・林踏欣・林坤蓉・王貞玉
國際版權　王俐雯・林冠妤
印務採購　曾玉霞
會計行政　王雅蕙・李韶婉
法律顧問　第一國際法律事務所　余淑杏律師
電子信箱　acme@acmebook.com.tw
采實官網　www.acmebook.com.tw
采實臉書　www.facebook.com/acmebook01

I S B N　978-957-8950-87-0
定　　價　320元
初版一刷　2019年4月
劃撥帳號　50148859
劃撥戶名　采實文化事業股份有限公司
104臺北市中山區南京東路二段95號9樓
電話：（02）2511-9798
傳真：（02）2571-3298

國家圖書館出版品預行編目資料

與媽祖有約：每位遶境者背後，都有個約定的故事；每年的徒步之旅，都是一堂心靈成長課／宴平樂作. -- 初版. -- 臺北市：采實文化，2019.04
240面；14.8×21公分. --（心視野系列；45）

ISBN 978-957-8950-87-0（平裝）

1. 自我實現　2. 自我肯定

177.2　　107023135